Z
LARREY
248

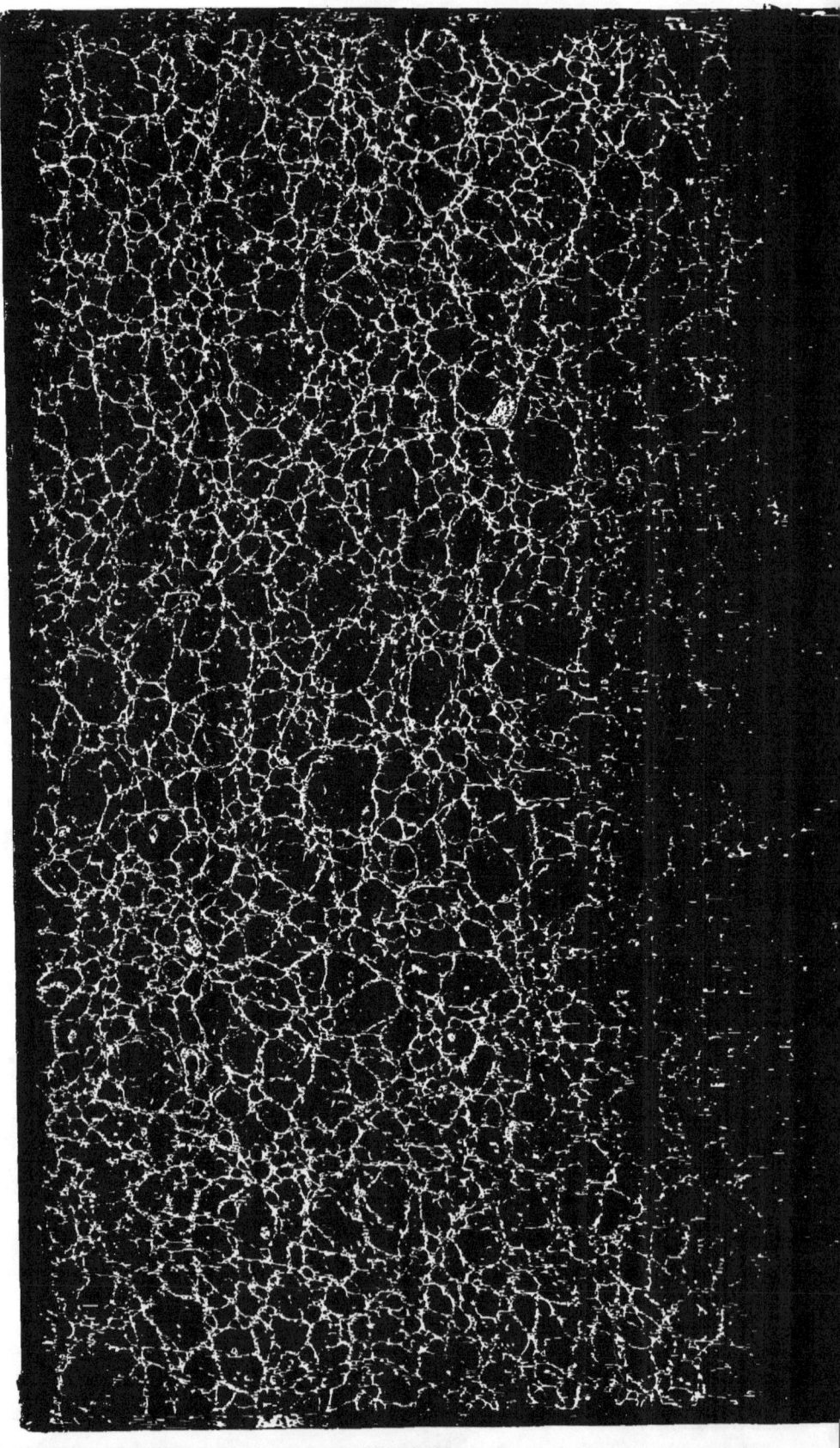

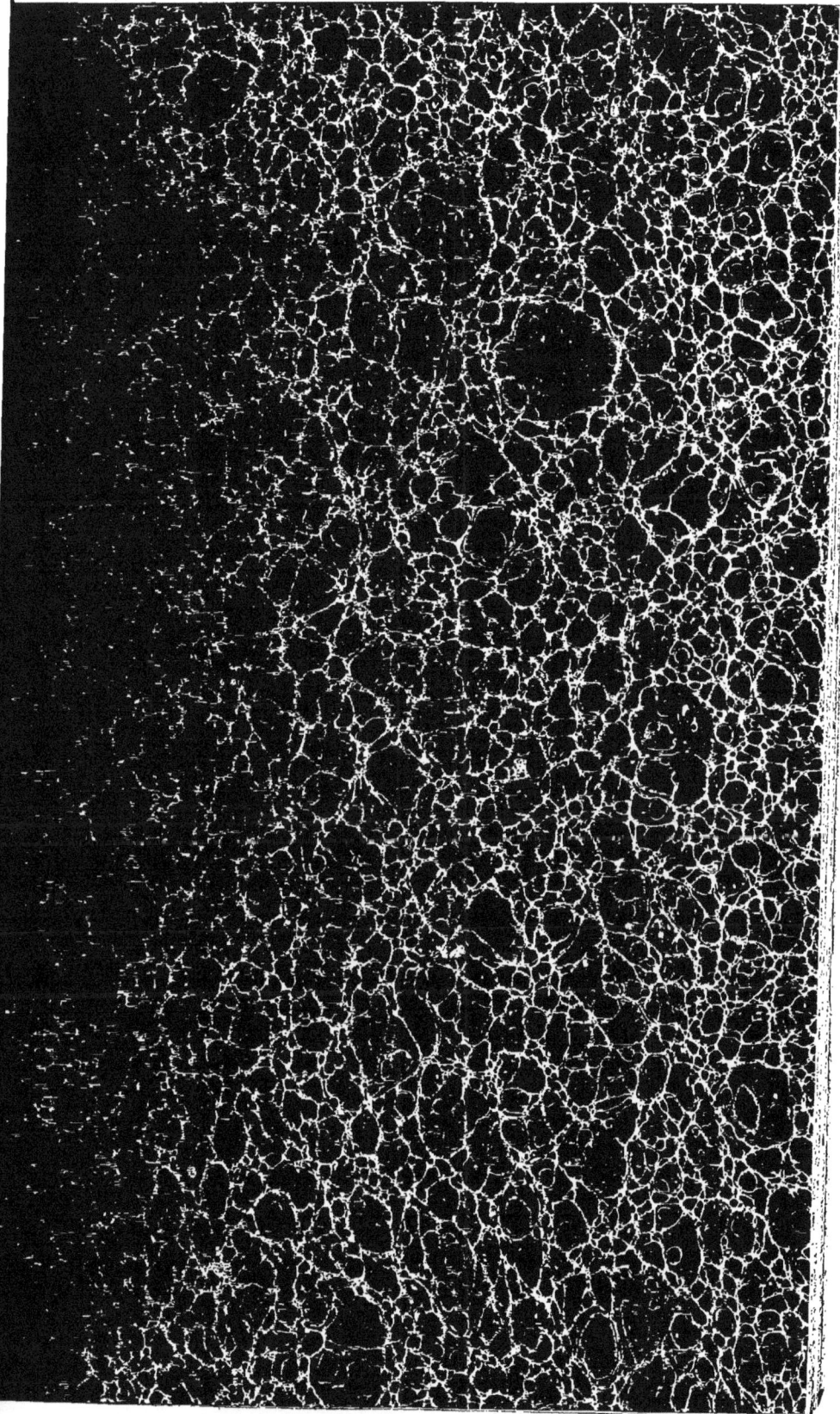

H. Larrey

NOUVELLE RELATION

DE LA BATAILLE

DE FRIEDLAND.

IMPRIMERIE DE BOURGOGNE ET MARTINET,
rue Jacob, 30.

NOUVELLE RELATION

DE LA BATAILLE

DE

FRIEDLAND

(14 JUIN 1807),

COMPOSÉE

D'APRÈS LES PIÈCES DU DÉPÔT DE LA GUERRE,
LES COMMUNICATIONS DES GÉNÉRAUX FRANÇAIS, ET LES
ÉCRITS LES PLUS ESTIMÉS ;

PAR

M. DERODE,

Ex-professeur à l'école spéciale militaire de Saint-Cyr.

Prix : 2 fr. 25 c.—Papier vélin : 3 fr.

PARIS,

Chez ANSELIN et G. LAGUIONIE, passage Dauphine ;
RORET, rue Hautefeuille, 10;
ET CHEZ L'AUTEUR, rue de la Tour-des-Dames, 13.

14 octobre 1839.

Nota. Cette relation doit paraître dans le *Spectateur militaire* de ce mois; mais la propriété exclusive en appartient à l'auteur, sauf cette unique insertion.

Paris, 15 octobre 1839.

BATAILLE DE FRIEDLAND

(14 juin 1807).

AVANT - PROPOS.

« Notre victoire de Friedland n'est pas bien connue, entendais-je souvent répéter à plusieurs de nos généraux cités par Napoléon pour y avoir le plus contribué. La pensée stratégique qui conduisit nos troupes sur ce champ de bataille est bien présentée d'une manière lumineuse dans Jomini et dans Matthieu Dumas, qui ont eu les ordres de marche et le plan de bataille dictés par Napoléon ; mais les mouvements tactiques au moyen desquels fut exécuté ce plan, on les voudrait trouver avec plus de détail dans leurs phases diverses, avec les accidents variés du terrain et les manœuvres des Russes. On désirerait aussi plus de développement sur l'effet produit par l'emploi des trois armes : infanterie, cavalerie, artillerie; sur la part précise de chacune d'elles et des divers corps d'armée au succès; enfin, sur les sacrifices par lesquels chacun d'eux l'acheta.

»De précieux moyens d'information ont dû manquer à ces deux historiens remarquables. A l'époque où leur relation fut écrite, notre dépôt de la guerre n'avait point encore classé les quarante et quelques volumes de pièces autographes sur la campagne de Prusse et de Pologne. Eussent-ils eu d'ailleurs les rapports de Lannes, de Ney, de Victor, de Mortier et de Grouchy, que cette communication n'eût pas suffi; car ils écrivaient pour l'empereur qui les avait en partie vus agir. En outre, le second et le quatrième des commandants de corps d'armée que nous venons de citer, se complaisaient peu à entrer, en écrivant, dans les détails que nous désirons, moins pour nous acteurs et témoins de cette bataille, que pour les jeunes militaires à qui nous voudrions offrir un sujet sérieux d'études, et surtout pour le public aux mains duquel nous souhaiterions un tableau fidèle de ce qui s'est passé, avec les développements où il trouvât de l'attrait.

»Or, la source principale de cet intérêt doit être surtout cherchée dans les souvenirs des acteurs de ce grand drame. Ce sont ces souvenirs qu'il faut interroger, raviver, recueillir dans tous les rangs de l'armée, depuis le maréchal jusqu'au simple soldat qui survit encore, afin de les éclairer, de les contrôler, de les compléter l'un par l'autre. Allez donc sans vous lasser de porte en porte; abordez partout. Là où les distances empêcheront votre voix de pénétrer, arrivez par vos lettres. Si quelquefois l'indifférence ou la hauteur dédaigneuse se trouvaient sur votre chemin, ne vous laissez pas rebuter; la majesté de votre but est une égide qui vous protégera. Comptez que les débris de notre vieille armée vous livreront avec joie les trésors de leurs souvenirs. Des conquêtes faites par elle, c'est tout ce qui reste aujourd'hui. Avant de se retirer de la scène, peut-elle préparer un plus bel héritage qu'une image fidèle de ce qu'elle fut?

» Pour vous, ajoutait l'un d'eux, que de fortes études, un goût vif, ainsi que des écrits cités avec éloge ont déjà préparé pour ces matières, exécutez l'œuvre que j'avais long-temps projetée, mais que mon âge avancé maintenant vers son terme et des fonctions publiques trop long-temps prolongées m'ont empêché d'accomplir. Secrétaire diligent, vous recueillerez une foule de matériaux cachés et sur le point de disparaître. Vous les épurerez au creuset de la critique, et de votre longue enquête sortira un caractère de vérité consciencieuse. Cachet de votre œuvre, il la recommandera, car de pareils travaux ne sont pas communs.

» Les matériaux ainsi préparés, reste la forme. Si je

ne craignais de vous décourager en plaçant trop haut le but, je vous dirais : votre tâche, pour être accomplie ainsi que je l'entends, présente encore trois grandes difficultés. D'abord, la concision rapide et la sobriété de développements qui plaisent aux forts. Songez que dans un sujet pareil il faut viser d'abord à l'approbation des chefs militaires. Elle serait pour vous une auréole qui attirerait la confiance. Mais là se trouve un écueil qu'il faut éviter. Si pour les satisfaire vous gardiez la sévérité du style didactique, et restiez dans la sphère escarpée des abstractions de la science, un petit nombre de lecteurs studieux s'occuperaient seuls de vous, et la connaissance de ces souvenirs que nous voudrions rendre populaires resterait isolée des masses et concentrée dans un petit nombre de privilégiés. Efforcez-vous donc d'atteindre à la fois à la concision, ce pain des forts, et de la concilier avec la clarté du style et les développements nécessaires aux lecteurs dépourvus d'études spéciales, mais curieux d'une instruction exempte de fatigue. Ils s'intéresseraient aux détails, peu familiers pour eux, de l'art militaire, s'ils comprenaient sans effort comment, sous la volonté du chef, chaque mouvement concourut au succès. Si vous parvenez à surmonter ce second obstacle, vous assurerez à nos souvenirs cette seconde classe de lecteurs. Mais je voudrais parvenir à une troisième, et c'est la plus nombreuse : celle qui vit surtout d'émotions et se laisse captiver par l'imagination bien plus que par l'intelligence. Oh! si, ému comme nous l'avons été, vous pouviez animer votre composition de quelques étincelles de ce feu sacré du poëte et de l'orateur, quand, avec le mouvement de leur style, l'éclat de leurs images, l'entraînement passionné de leurs émotions, ils saisissent et remuent les masses avec les puissants leviers du sentiment, alors vous auriez satisfait aux conditions difficiles du succès. Je verrais notre grand souvenir, comme le chêne majestueux des forêts, enfoncer ses racines, et répandre au loin ses rameaux parmi toutes les classes de notre population.

» Ah! cette population, dont l'imagination vive et le cœur sensible se porteraient avec élan vers le culte des grands souvenirs, sachons les lui présenter de manière à ce qu'elle en puisse conserver avec respect le dépôt. Voyez-vous cette foule empressée dont les flots inondent les galeries du musée de Versailles. Elle promenait ses regards avec admiration sur les tableaux du salon des batailles. Mais, rentrée dans ses foyers, elle a rencontré le sourire moqueur du petit nombre des hommes instruits, et ce sourire a découragé, desséché son admiration. On lui dit que l'aspect des lieux, la disposition des troupes dans un des moments décisifs, que ce qui montre enfin l'intelligence du génie des batailles, le jour où il assurait la victoire, est presque toujours négligé. Alors cette foule émue, mais qui voulait que son émotion fût respectée de l'homme instruit, ne voit plus qu'un lieu commun d'intérêt dramatique, là où elle eût gardé avec affection le souvenir d'un grand événement national. Au lieu de ces souvenirs gravés sur l'airain, dont la puissance majestueuse unit dans un même foyer les sentiments généreux des hommes de toutes les classes, nous ne trouvons plus qu'une impression mobile et fugitive, comme ce sillon tracé par un esquif léger à la surface de l'onde, et qui disparaît promptement effacé.

Mais le peintre, borné d'ailleurs à représenter un seul instant de l'action sur sa toile, peut encore accuser le défaut des relations inexactes ou inaccessibles pour lui. C'est donc à vous, auteurs, qui vous dévouez à la noble mission de transmettre de tels souvenirs, à réunir en un même faisceau vos moyens. Poëtes, orateurs, historiens, romanciers, écrivains didactiques, cessez de vous isoler par une scission funeste. Faites que par une alliance heureuse, l'intérêt et la vérité, le don d'instruire et celui de plaire, ne soient pas si souvent séparés. Votre concours pourrait élever aux souvenirs de la patrie un monument national, où les diverses générations, unies par une commune estime, viendraient se donner la main.

» Mais je vous vois effrayé devant la difficulté de résoudre chacun de ces obstacles, et surtout devant celle de les concilier quand ils ont été si souvent réputés inconciliables. Rassurez-vous, et n'abandonnez pas votre travail. Qui donc écrirait, si pour le faire il fallait atteindre à la perfection? Y tendre sans cesse est le plus bel attribut de l'homme; mais la posséder n'appartient qu'à Dieu.

» Résumons-nous. Je vous ai indiqué la route, et ce que je connais de vous m'est un garant que vous chercherez à y entrer. Comptez sur l'intérêt de nos vieux compagnons d'armes (1). Si j'étais encore au ministère, aucun des encouragements dont dispose le pouvoir ne vous manquerait. »

---

(1) L'auteur aime à les remercier ici en partie, et à faire paraître son travail sous leurs auspices. Parmi eux, il nommera avec reconnaissance :

MM. les maréchaux Oudinot, Grouchy, Victor, Maison. — MM. les lieutenants-généraux Marchand, Subervie, Fririon, Saint-Michel, d'Alton, Dupont, Lahoussaye, Barrois, Aymard, Meunier, Oudinot, Guéhéneuc. — MM. le maréchaux-de-camp Saint-Mars, Lapointe, Gazan, Ricci, Hulot. — MM. les colonels Koch, Durivau, etc., etc.

Si le suffrage des hommes de l'art est une recommandation, qu'il lui soit permis de citer le chiffre de deux cents souscriptions, avec lequel, dans cette saison, il commence l'impression de son manuscrit.

CHAPITRE PREMIER.

§ 1er.

On peut inscrire dans un espace irrégulier d'environ vingt lieues, sur chacun des quatre côtés, l'échiquier des manœuvres qui, en amenant la bataille de Friedland, décidèrent en neuf jours la ruine des armées russe et prussienne, et ce traité mémorable de Tilsitt, après lequel la puissance de Napoléon s'éleva d'un rapide essor jusqu'à son apogée. A l'occident de cet échiquier, on remarque le cours de la Passarge et de l'Alle, le long duquel les quatre corps des maréchaux Davoust, Ney, Soult et Bernadotte étaient placés en première ligne, couvrant le reste de notre armée étendue dans ses cantonnements jusqu'à la Vistule. — Le côté méridional est en partie marqué par le cours de l'Alle, qui, dans sa direction, coulant tantôt vers l'orient, tantôt vers le nord, trace encore en partie le côté oriental de notre échiquier. Au nord, il a pour limites le cours de la Prégel et le rivage de la mer Baltique.

D'Allenstein à la Baltique, sur un front d'environ vingt lieues, les quatre corps de nos maréchaux présentaient une barrière de plus de quatre-vingt mille hommes, ayant leurs quartiers-généraux à Allenstein, Gutstadt, Liebstadt et Braunsberg. Depuis la bataille d'Eylau, c'est-à-dire depuis près de quatre mois, Napoléon tenait ainsi en repos, derrière la Passarge, ses troupes fatiguées de leur dernière campagne d'hiver contre les Russes. Dans ce pays marécageux, les chevaux se noyaient au sein des bourbiers dont ils ne pouvaient s'arracher, les soldats affamés ne trouvaient pas de quoi vivre, et les corps entiers disparaissaient dans les combats. Ce fut alors qu'on vit Napoléon passer aux ménagements de la prudence, après ces saillies d'audace impétueuse qui avaient porté en six semaines un de ses corps, d'Iéna jusqu'à la Vistule. Se voyant à près de quatre cents lieues du Rhin; sur son flanc gauche, l'armée suédoise en Poméranie, et le danger d'une descente de la part des Anglais; tandis que sur son flanc droit l'Autriche, avec sa foi toujours douteuse, recommençait ses armements, il voulut assurer sa longue ligne d'opérations, et garda l'immobilité sur son front d'attaque. Mais derrière la barrière de ses cantonnements, il pressait la reddition des dernières forteresses de la Prusse, étouffait les foyers d'insurrection, assurait la subsistance et l'équipement de ses troupes, assemblait de nouveaux camps pour garder son empire, et, précipitant l'arrivée de ses renforts, il comptait près de deux cent mille hommes à la fin du mois de mai. (Voir l'état publié par Matthieu Dumas à la fin de son dix-huitième volume.)

C'est avec ces immenses moyens, rapidement créés par son génie organisateur, qu'il allait frapper un coup décisif, puisque ses ennemis trompés par l'apparente difficulté de sa position avaient repoussé ses offres, et l'obligeaient à arracher la paix. Ses ordres, d'un mouvement général pour le 10 juin, étaient donnés, quand, le 5 juin (1807), le généralissime des Russes, Benningsen, tenta de surprendre le front de nos cantonnements. A la faveur des bois qui masquaient ses mouvements, il avait réuni quarante mille hommes pour envelopper le maréchal Ney placé en sentinelle avancée, avec deux divisions seulement, jusque sur l'Alle, à Gutstadt, non loin d'Heilsberg, où depuis trois mois les Russes s'étaient fortifiés et concentrés. Pour isoler Ney de nos autres corps établis sur la basse Passarge, le reste des Russes et les Prussiens attaquèrent en même temps les corps de Soult et de Bernadotte aux têtes de pont de Lomitten et de Spanden. Repoussés sur ces deux points, les ennemis avaient eu quelques instants d'avantage sur le maréchal Ney. Mais celui-ci tiré de ce mauvais pas par la bravoure de ses troupes et par l'habileté de ses manœuvres, repassa en se battant la Passarge, et, dès le 8 juin, Napoléon ayant concentré ses corps prit à son tour l'offensive. Il allait faire expier à Benningsen la présomption d'avoir voulu le surprendre, et l'imprudence d'avoir attendu pour l'attaquer que la prise de Dantzig eût rendu tous nos corps disponibles.

§ 2.

L'armée russe de Benningsen et le corps prussien de Lestocq étaient alors étendus devant la Passarge sur un front d'environ quinze lieues. L'armée française, en coupant en deux cette ligne, et se plaçant entre les Russes et les Prussiens, avait la chance de battre plus facilement soit les uns, soit les autres. Ensuite, elle enlevait aux premiers les communications avec la Baltique et Kœnigsberg, où, depuis quatre mois, avaient été amassées les dernières ressources militaires des Prussiens; enfin, comme ces derniers étaient trop faibles pour le défendre, nous pouvions saisir de prime-abord ce grand dépôt.

Tels furent les premiers éléments de la combinaison qui s'offrit à Napoléon. Ses troupes l'exécutèrent avec une admirable promptitude. L'armée russe en compléta le bonheur en se faisant écraser à Friedland où elle se portait pour la déjouer.

Sur le côté méridional de l'échiquier que nous avons indiqué sont trois villes séparées chacune par une journée de marche : Heilsberg, Bartenstein et Schippenbeil, toutes trois sur l'Alle. Dès le 10 juin, Benningsen rejeté sur Heilsberg y avait soutenu une sanglante bataille. Le 11, il semblait s'apprêter à un nouveau choc, mais voyant qu'un mouvement du corps de Davoust menaçait de déborder sa droite, il craignit pour ses communications, et dans la nuit il repassa sur la droite de l'Alle, abandonnant ce fameux camp retranché. Le Prussien Plotho, dans son journal, a décrit l'ordre parfait de sa retraite en quatre colonnes, couvertes à gauche par l'Alle, et même de l'autre côté de cette rivière par des cosaques répandus en éclaireurs. Le 12 au matin, Benningsen fit reposer le gros de son armée, et en détacha deux divisions qui devaient monter directement au nord, afin de joindre les Prussiens et de les lier à son mouvement. Dans leur marche, ces deux divisions furent obligées à des détours, et ce ne fut qu'après dix-sept heures, qu'arrivées enfin sur la Frisching elles donnèrent la main aux Prussiens.

Benningsen prévenu avait, dans la nuit du 12 au 13, continué de reculer de Bartenstein jusqu'à Schippenbeil. Mais déjà sur ce point il avait dépassé la hauteur de Kœnigsberg que les ordres d'Alexandre prescrivaient de sauver à tout prix. Au lieu de continuer sa retraite à l'est, il lui fallait descendre directement du midi au nord jusqu'à Friedland, située à neuf ou dix lieues de Schippenbeil. Pendant cette marche, il continuait d'être couvert par l'Alle, dont le cours se détourne brusquement de l'est et prend la direction du nord. Mais au-dessous de Friedland elle reprenait son cours vers l'est. Benningsen ne pouvait plus s'en couvrir. Il fallait passer le pont de cette ville et y prendre la route de Kœnigsberg qui incline un peu au nord-ouest. Par là, il donnait la main aux Prussiens.

§ 3.

Le 13 juin, à midi et à deux heures, Benningsen détacha successivement de son campement de Schippenbeil trente-trois escadrons de cavalerie avec vingt pièces de canon, leur ordonnant de pousser une reconnaissance sur Friedland. En deçà de cette ville, ils rencontrèrent une patrouille de cavalerie française qui fut enlevée par eux; puis poussant jusqu'au pont avant qu'on eût le temps de le rompre, ils entrèrent dans la ville et en délogèrent le 9e régiment de hussards, qui perdit quelques hommes. Ensuite, Kollogribof, qui avait le commandement de ces trente-trois escadrons, les répandit dans la plaine de Friedland, en face des villages de Sortlack, de Posthenen et de Heinrichsdorf, observant par là les routes de Schippenbeil, d'Eylau et de Kœnigsberg. Sur ses derrières, il détacha trois escadrons et trois pièces de canon à Vehlau afin de s'assurer du passage de l'Alle sur ce point, et il recommanda de brûler tous les autres ponts.

A onze heures du soir, d'après Plotho, l'infanterie de la garde impériale russe, formant tête de colonne, arriva et fut portée en entier sur la gauche de l'Alle au soutien de sa cavalerie. Elle avait fait sans s'arrêter une marche forcée depuis Schippenbeil (9 à 11 lieues) d'après les ordres répétés de Benningsen, qui ne tarda pas à porter son quartier-général à Friedland. Il faisait suivre le même mouvement au reste de son armée ; car, instruit par son avant-garde qu'il n'y avait entre Friedland et Domnau que le corps d'Oudinot avec le maréchal Lannes, il espérait le rejeter sur Domnau, profiter peut-être de la séparation des corps français qui marchaient en ce moment à quelque distance les uns des autres, enfin, continuer sa marche sur Kœnigsberg. Là, réuni aux corps de Kamenskoi et de Lestocq, il comptait prendre position derrière la Prégel, entre Vehlau et Kœnigsberg. Cette position lui permettait à la fois et de couvrir cette ville, et de maintenir en sécurité ses communications directes avec la Lithuanie.

CHAPITRE II.

§ 1er.

Notre cavalerie légère avait promptement annoncé le retour offensif des Russes, en se repliant par la route d'Eylau sur Domnau, où, depuis la veille, le maréchal Lannes avait pris position par ordre de l'empereur. Malgré l'extrême fatigue de ses troupes, il ordonna aussitôt à la brigade Rufin, des grenadiers d'Oudinot, de reprendre le pont de Friedland s'il était possible. Elle n'était pas éloignée, quand une lettre de Napoléon, datée d'Eylau, annonça que l'ennemi voulait déboucher par Friedland vers Kœnigsberg, et qu'il fallait tout faire pour empêcher ce mouvement. Lannes avait besoin de cette assurance pour croire à l'audace des Russes (1). Déjà, sans perdre un instant, Oudinot s'était porté au-devant d'eux avec le reste de ses seize bataillons.

Domnau, des environs duquel il partait, est sur la route d'Eylau à Friedland, distant à peu près de quatre lieues de l'une et l'autre villes. A une lieue et demie de la dernière, le terrain incline par une pente assez douce vers la rivière de l'Alle, et celle-ci, dans une étendue de plus de trois mille toises, marque par son cours le côté oriental de la plaine qui servit de champ de bataille. Vers l'occident, elle est limitée par une petite chaîne de collines parsemées de bois. Ceux-ci, ouvrant un large passage à la route d'Eylau, s'effacent à gauche, ne descendent pas dans la plaine, et laissent découvert son côté septentrional. A droite, ils s'écartent de la route, et se prolongent vers la rivière.

Quand Oudinot, descendant des collines, entra dans la plaine de Friedland, la lumière douteuse du crépuscule ne laissait pas encore distinguer les objets. Sa brigade d'avant-garde, Rufin, avait poussé dans l'obscurité jusqu'auprès de la ville, et avait été ramenée par des forces supérieures. En ce moment, le premier soin fut d'assurer le débouché de la route d'Eylau, par laquelle nous arrivions.

A six cents toises environ de la crête des collines, cette route, en descendant, touchait de sa gauche le village de Posthenen, à une petite lieue vis-à-vis de Friedland. A droite, le bois s'écartant à un quart de lieue, fermait en partie le côté méridional de la plaine, et s'approchait par une de ses extrémités jusqu'à un quart de lieue de l'Alle vers le village de Sor-

---

(1) Lettre du maréchal Lannes datée de Domnau, 13 juin.

tlack (1). Cette saillie avancée, qui menaçait la gauche de l'ennemi, devait l'empêcher de s'emporter trop avant dans ses attaques sur notre centre. D'ailleurs les ombres de ce bois se prêtaient à entretenir l'illusion sur le nombre de nos troupes. Oudinot y jeta deux bataillons en tirailleurs. Sur ce genre de terrain, l'intelligence de nos soldats, jointe à la vive et adroite souplesse de leurs mouvements, assurait à leur courage une nouvelle chance de supériorité.

Un ruisseau sortant de ce bois passait devant le village de Posthenen, et quelques pas plus loin, à sa gauche, se jetait dans un ravin formé par le ruisseau du moulin qui coupe en deux parties inégales la plaine de Friedland. Le front de cette ligne était en outre protégé par deux mamelons et par le village de Posthenen. Oudinot s'en servit comme d'un fort qui marquait son centre et liait ses deux ailes. Là, il établit devant lui deux batteries, et en arrière la plus grande partie de son infanterie. Quant à sa gauche, il la refusait, en la plaçant au-delà de Posthenen, adossée à la lisière des bois qui s'étendent dans la direction d'Heinrichsdorf, village distant de 1,800 toises. Cinq à six bataillons, disséminés sur cette grande étendue, étaient surtout destinés à faire montre. Paraissant et disparaissant tour à tour, ils pouvaient se dérober aux coups et à la vue des Russes, à la faveur des légères éminences où étaient disposées le reste des dix-huit pièces de la division (2).

(1) Voir le plan.
(2) Je dois au maréchal Oudinot la meilleure partie de ces détails, et j'ai remarqué avec plaisir que la relation du major prussien Both, publiée à Berlin en 1807, concordait le plus souvent avec lui. — Par une lettre

La première aube du jour commençait quand elles ouvrirent leur feu, et aussitôt la mousqueterie se prolongea en échos retentissants dans la forêt de Sortlack. Les Russes y avaient envoyé les tirailleurs et les chasseurs de tous les régiments de leur garde. Comme ils n'avaient pas encore sous la main d'autre corps d'infanterie, ils se bornèrent à riposter avec du canon dans la plaine. Mais chaque instant allait leur amener des renforts. Toute leur armée était en marche de Schippenbeil depuis la veille au soir (1). Au-dessus et au-dessous du pont de Friedland trois autres ponts s'établissaient sur l'Alle. Des corps de cavalerie, arrivant en toute hâte, passaient la rivière et se répandaient dans la plaine. Une foule d'indices annonçaient que la lutte allait devenir inégale.

§ 2.

On se rappelle l'avis donné quelques heures auparavant au maréchal Lannes par Napoléon. On pense bien qu'il avait aussitôt pris des mesures pour le soutenir. Grouchy, mandé le 13 au soir à son quartier-général d'Eylau, avait reçu de lui le commandement général de la cavalerie (attendu l'absence du grand-duc de Berg) (2), et l'ordre de se réunir au plus tôt au maréchal Lannes, afin d'attaquer les Russes aussitôt après cette jonction; car son but était de brusquement les

---

du 5 juin, Napoléon ordonne de lui donner ce nombre de canons, ainsi qu'à la division Verdier.

(1) Relation de Both et de Plotho.
(2) Il venait d'être dirigé sur Kœnigsberg avec quatre divisions de cavalerie, ainsi que les corps d'infanterie des maréchaux Soult et Davoust.

rejeter de l'autre côté de l'Alle, afin de couper leurs communications avec Kœnigsberg, ou, avant leur jonction avec l'armée prussienne, de leur livrer bataille s'ils commettaient la faute de la recevoir acculés sur la rive gauche de cette rivière. Sans perdre un moment, Grouchy avait continué de faire marcher toute la nuit sa division de dragons, la 2e. Vers minuit, il était arrivé de sa personne à Domnau. Là, le maréchal Lannes venait de recevoir du maréchal Mortier la promesse qu'il y arriverait vers quatre heures du matin, en partant à une heure de Lampasch, aux environs d'Eylau. Vers trois heures du matin, près du village de Georgeneau, à deux lieues de Friedland, les dragons de Grouchy s'étaient réunis à deux brigades de cavalerie légère française et saxonne. Elles appartenaient au corps de Lannes. Celui-ci n'avait encore d'autre infanterie que les grenadiers d'Oudinot déjà en position. Sa seconde division, celle de Verdier, retardée par des obstacles, devait n'arriver que sept heures plus tard. Point de nouvelles encore des six régiments de cuirassiers et de carabiniers de Nansouty. Sans attendre, on se hâta de déboucher dans la plaine de Friedland (1).

Déjà l'ennemi y était en position. Sa gauche appuyée vers Posthenen, et sa droite prolongée dans la direction de Friedland. Quoique Lannes eût à peine douze

---

(1) Rapports des maréchaux Lannes, Mortier et Grouchy à l'empereur : j'en dois la connaissance à diverses communications. Je les ai trouvés aussi au dépôt de la guerre, t. xxvii, p. 112 et 154. — T. xxxii, p. 154. — T. xxiii, p. 361, de la collection des pièces autographes pour les années 1806 et 1807.

mille hommes (1), il ne balança pas à ordonner aussitôt l'attaque. La cavalerie légère fut mise en première ligne à la droite des grenadiers d'Oudinot, pour qu'elle ne fût pas débordée par l'ennemi supérieur en nombre; Grouchy tint ses dragons en réserve, ployés en colonne, et prêts à repousser une attaque de flanc. Mais les Russes n'eurent pas le temps de la faire : l'impétuosité des charges fournies par notre cavalerie légère et les Saxons les culbuta au loin. Ralliés avec peine, ils

(1) Dans l'état du 16 mai 1807, donné par Matthieu Dumas, Oudinot est porté pour seize bataillons avec trois compagnies d'artillerie à

Et trois escadrons, $\begin{matrix} 9,573 \\ 250 \end{matrix}$ 9,823 h.

La 2ᵉ division de dragons de Grouchy, 8ᵉ, 6ᵉ, 10ᵉ et 11ᵉ régim., 1,859

En supposant aux deux brigades de cavalerie légère, 1,800

13,482 h. Mais ce nombre n'était pas présent aux corps à Friedland.

Napoléon, par une lettre du 21 mai, se plaint à M. Dejean de n'avoir pas encore les états de situation de son armée. Le 22 mai, il ordonne au major-général de tirer au clair beaucoup de choses dans la situation de l'armée. Par exemple, les états du 10 mai porteraient plus de 45,000 hommes aux hôpitaux, et les états de l'intendant-général, à la même époque, ne portent que 19,500 malades français. — Pour les cinq corps d'infanterie, lesdits états portent 10,000 hommes aux petits dépôts : pour le 1ᵉʳ corps, 2,100; pour le 3ᵉ corps, 3,000; et pourtant l'état de Schwedt, au 1ᵉʳ mai, ne porte que 1,400 hommes, celui de Wratlaweck, 2,100. Napoléon veut reconnaître la cause de ces différences, car voilà 25,000 hommes qu'on ne retrouve pas. Il ordonne des revues de rigueur dans chaque corps d'armée, et qu'on prenne ceux qui portent le plus de monde aux hôpitaux....

On peut conclure de cette lettre, qu'en retranchant un sixième du chiffre porté dans l'état de Matthieu Dumas, on approchera de bien près le nombre des soldats présents à Friedland dans chaque corps. Je dis un sixième seulement, parce qu'au 14 juin beaucoup de détachements de conscrits avaient rejoint ; que plusieurs même, sur l'ordre de Napoléon, étaient venus de France en poste. (Lettres du 18 mai et du 4 juin 1807.)

demeurèrent hors de portée, immobiles et refusant leur gauche.

Mais cette immobilité trompeuse masquait un projet dangereux. Bientôt se manifesta un grand mouvement de troupes qui filaient vers leur droite. Déjà maîtres d'Heinrichsdorf, où passe, à une lieue de Friedland, la route de Kœnigsberg, ils avaient garni ce village d'infanterie et d'artillerie. Par là, ils pouvaient rejoindre les Prussiens et faire échouer peut-être le but de notre grande manœuvre commencée depuis la Passarge. Mais ce n'était pas tout, ils pouvaient encore tourner notre gauche, puis, s'enfonçant dans les bois, déboucher sur nos derrières, et couper nos communications avec Georgeneau et le reste de l'armée française. Dès lors notre garde coupée, livrée seule à leurs coups, n'eût pu échapper à sa perte. Pour conjurer un tel péril il fallait se retirer aussitôt, ou empêcher les Russes d'occuper une trouée de quatre à cinq cents toises entre Heinrichsdorf et l'extrémité du bois.

§ 3.

Grouchy, voyant leur mouvement bien prononcé, se hâta de faire repasser le défilé de Posthenen à sa division, la dirigeant vers la trouée. Elle était à trois quarts de lieue. Déjà, sur la nouvelle de l'approche de Nansouty (1), Grouchy lui avait envoyé l'ordre de s'y établir, et de sa personne, devançant ses dragons, il

---

(1) Nansouty avait quatre régiments de cuirassiers, les 2e, 3e, 9e, 12e, et les 1er et 2e de carabiniers avec trois compagnies d'artillerie et du train. Total 24 escadrons, 4,282 hommes selon Matthieu Dumas. En défalquant un sixième, 3,600 hommes.

poussait rapidement son cheval. Mais, ô surprise! arrivé non loin de la trouée, il vit étinceler à travers les arbres du bois les casques de la cavalerie de Nansouty qui se repliait au trot, et ne couvrait pas même le chemin de Georgeneau! Pourquoi cette retraite, sans ordre, sans combat, sans avoir disputé le terrain pied à pied? Au même instant, accourait ventre à terre le jeune Guéhéneuc (1), aide-de-camp du maréchal Lannes. « *Général,* s'écrie-t-il, faites tout pour empêcher » l'ennemi de couper nos communications avec l'em- » pereur! Mon beau-frère vous en conjure. Sacrifiez-y, » s'il le faut, jusqu'à votre dernier homme! » Grouchy s'était élancé. Au son de sa voix, animée par la colère, la grosse cavalerie fait halte un peu étonnée. Il la rejoint, lui ordonne d'aller reprendre position dans la trouée, et se reporte au galop vers ses dragons.

Bientôt, d'une hauteur, il distingua les colonnes d'infanterie russe s'avançant à grands pas dans la plaine, et précédées d'un nuage de cavalerie. La disproportion semblait si menaçante, qu'il ne vit de salut que dans un coup d'audace. Il fallait s'emparer d'Heinrichsdorf; mais à l'instant même, avant que ces colonnes en pleine marche fussent à portée de soutenir les troupes qui l'occupaient. Dans la même intention, Lannes avait dirigé sur ce point la brigade Albert des grenadiers d'Oudinot (2). Sans donc attendre les cuirassiers, la brigade des dragons Milet se précipita sur les pièces qui défendaient l'approche d'Heinrichsdorf, y pénétra, et sabra l'infanterie dans les rues.

(1) Aujourd'hui lieutenant-général et commandant en Afrique la division d'Oran.
(2) Rapport déjà cité du maréchal Lannes.

Pendant ce temps, l'autre brigade Carrié, par un mouvement rapide, avait tourné ce village, occupé ses issues du côté de Friedland, et elle faisait mettre bas les armes aux débris des corps qui s'efforçaient d'en échapper. En peu d'instants, quatre pièces de canon et quelques centaines de prisonniers étaient tombés entre nos mains.

Mais les dragons étaient encore dans le désordre de la victoire, et déjà s'approchait la cavalerie ennemie qui s'était ébranlée au galop dans l'espoir de donner à temps pour repousser l'attaque. Heureusement Nansouty arrivait avec ses cuirassiers. A leur tête, Grouchy se porta à la rencontre des cavaliers russes, les chargea à plusieurs reprises, et les rejeta complétement en déroute sur leur infanterie. Celle-ci, enveloppée par un énorme tourbillon de fuyards, ne put faire usage de son feu, et se vit entraînée pêle-mêle avec eux sur Friedland. Nous respirâmes alors! Pour quelque temps l'orage était conjuré sur ce point. Les grenadiers s'affermirent dans notre conquête d'Heinrichsdorf. Grouchy mit sa cavalerie en avant, prolongeant sa gauche dans la direction de Karschau, puis, de sa personne, il se porta à notre droite, où une fusillade très vive continuait à se faire entendre sur toute la ligne (1).

§ 4.

Pour se maintenir avec si peu d'infanterie sur un front de plus d'une lieue, il fallait le talent de Lannes

---

(1) Rapport déjà cité du général Grouchy.

et son ascendant, secondé par ceux d'Oudinot avec le dévouement de ses grenadiers, troupe d'élite qu'il avait choisie, formée, animée de son esprit, et qui, dans ces temps de gloire militaire, faisait l'orgueil de l'armée française. Tous deux, manœuvrant avec une rare habileté, surent tirer le plus grand parti des moindres circonstances du terrain. Il avait beaucoup plu le 12, et une assez grande quantité de flaques d'eau couvraient la plaine (1). Amassées entre les mamelons qui nous abritaient, elles aidèrent à dissimuler les vides de notre ligne. Pour empêcher les Russes d'en trop approcher, on la couvrit d'un rideau de tirailleurs qui entretinrent leurs feux avec la plus grande vivacité. On profitait aussi de la hauteur des seigles, des bouquets d'arbres, des inégalités du terrain pour ployer ou déployer des bataillons dont les mouvements étaient montrés ou dérobés à propos. Par fois, quelques uns d'eux jetés soudain au milieu des tirailleurs ennemis les refoulaient au loin. Ces manœuvres et notre attitude agressive entretenaient l'illusion des Russes et nous sauvaient. « S'ils m'eussent abordés en » masse sur tout mon front, me répétait encore il y a » peu de jours le maréchal Oudinot, nous étions tous » perdus, mes grenadiers et moi. »

Mais la vivacité de ses feux qui masquaient notre faiblesse n'était soutenue qu'au prix des plus cruelles

---

(1) Voir le plan. Le 12, à 10 heures du soir, le maréchal Soult écrit du bivouac, à trois quarts de lieue d'Eylau, où il vient de prendre position, que le mauvais temps éprouvé en route par la troupe a retardé sa marche et donné lieu à des traînards. (Extrait de son registre de correspondance.)

pertes. Là où il n'avait qu'une sentinelle, l'ennemi en mettait quatre et l'abattait. Ailleurs il en était de même; et il fallait tout remplacer à l'instant. Voyez-vous se fondre et disparaître insensiblement sous le feu les bataillons qui alimentaient les tirailleurs ! Bientôt la réserve avança pour les remplacer, et Oudinot en vint à calculer avec angoisse si ce cruel sacrifice pourrait du moins se prolonger jusqu'à l'arrivée de nos autres corps. Puis, pour hâter leur marche, des aides-de-camp multipliés allaient porter son cri d'alarme jusqu'à l'empereur (1). Pour lui, prêt à périr, mais ne trahissant pas ses émotions, la tête haute et le visage intrépide, toujours et trop au milieu du sifflement des balles, il ne cessait d'animer ses grenadiers.

Dans cette position critique, la cavalerie de notre droite se dévouant aussi, s'était élancée dans la plaine, cherchant à écarter les Russes par des charges réitérées. Quelque temps elle avait réussi; mais ensuite Kollogribof l'avait accablée sous le nombre de ses escadrons, et les Saxons avaient été en partie hachés. Heureusement que vers les six heures (2) les dragons bataves (3), pressant leurs chevaux, étaient survenus pour soutenir cette cavalerie haletante. On les avait accueillis avec des élans d'espérance ; car ils appartenaient au corps de Mortier, et on les accablait de

---

(1) Il en envoya jusqu'à six. Napoléon, par considération, lui laissait le privilége de communiquer directement avec lui, quoiqu'il fût sous le commandement supérieur de Lannes.

(2) Rapport de Mortier.

(3) Brigade Frésia. { 1er régiment de cavalerie.
2e — —
2e régiment de cuirassiers hollandais.

questions sur la marche de ses deux divisions d'infanterie (1).

§ 5.

Quand Grouchy survint à notre droite, il pouvait être huit heures (2), et depuis cinq heures (3) la tête du gros de l'armée russe arrivait de Schippenbeil. Jusqu'à neuf heures (4), ses longues colonnes d'infanterie et ses trains d'artillerie ne cessèrent de défiler. Leurs masses noires et profondes semblaient une vaste forêt mouvante au bout de l'horizon. Elles débouchaient successivement, puis passaient de l'ordre de marche à l'ordre de bataille. Bientôt les Russes réunirent soixante et quelques escadrons devant la cavalerie de Grouchy, à la gauche d'Heinrichsdorf; puis ils firent déborder son flanc gauche par deux mille Cosaques, qui commencèrent à voltiger sur ses derrières; ensuite, on ne tarda pas à découvrir dans le lointain une colonne ennemie qui débouchait de Schwonau dans la

---

(1) Division Dupas. { 4ᵉ rég. d'inf. lég. / 15ᵉ rég. de ligne. / 58ᵉ — / Garde de Paris. } Division polonaise du général Dabrowsky. { 2ᵉ régim. d'infant. / 3ᵉ — / 4ᵉ — }

8,464 hommes d'après Matthieu Dumas qui ne marque rien pour les autres. Il faut ajouter trois batteries d'artillerie, française, polonaise et hollandaise.

(2) Il dit dans son rapport que Nansouty se réunit à lui vers sept heures.

(3) Relation du major prussien Both, p. 9, et Plothe, Tagesbuc wahrend es krieges.... in den Jahren 1806 und 1807.

(4) Geschichle der Kriegen in Europa seit dem Jahre 1792, (paru en 1834 à Berlin, Posen et Bromberg). « Der auf marsch de (Ruf.) armee war erst gegere neunt Uhr mollendet. «

direction de Georgeneau. Notre aile gauche était donc tournée en ce moment. Enfin, pour achever de l'accabler en ressaisissant Heinrichsdorf, de fortes masses d'infanterie s'y dirigeaient en partant des bords de l'Alle. Le péril renaissait plus grand qu'il n'avait encore été.

Ici l'audace ou la vitesse étaient impuissantes. Grouchy recourut donc à la ruse pour diviser ces forces qui l'eussent accablé. Dans l'espoir d'attirer à sa poursuite la cavalerie ennemie et de la combattre ainsi séparée de son infanterie, il simula une retraite précipitée. A gauche d'Heinrichsdorf, nos cuirassiers se replièrent au grand trot. Les dragons placés en bataille sur un plateau, en avant du village, en retirèrent leur artillerie qui fut masquée derrière des barricades élevées le matin à la hâte, à la sortie de Friedland. Là, quelques pelotons d'entre eux à pied en reçurent la garde, tandis que le reste de la division évacuait le village et s'établissait en arrière, cachée par des haies et des vergers.

La cavalerie russe donna dans le piège. Ne voulant pas laisser échapper l'occasion de culbuter nos cuirassiers avant qu'ils eussent reformé leurs lignes, elle accourut de toute la vitesse de ses chevaux, sans tenir compte du désordre que cette course précipitée commençait à mettre en ses rangs. A peine avait-elle dépassé la hauteur d'Heinrichsdorf, qu'au lieu d'une victoire facile sur des cavaliers à la débandade, elle se vit abordée de front par Nansouty qui avait arrêté et reformé ses cuirassiers en bataille. En même temps, Grouchy avec ses dragons la prenait en flanc. Ce double choc acheva de la mettre en désordre. Après une sanglante mêlée, elle prit la fuite, et repassant en déroute près d'Heinrichsdorf, y fut saluée par les décharges meurtrières que nous y avions laissées.

§ 6.

Mais bientôt reformée, la cavalerie russe revint plus nombreuse. Il fallut recommencer avec de plus grands efforts. Les dragons bataves vinrent de la droite au soutien de notre gauche. Nansouty avec une brigade de cuirassiers chargea l'ennemi en flanc et en queue par la droite d'Heinrichsdorf, tandis que Grouchy, avec ses dragons, les carabiniers et la 2e brigade des cuirassiers, attaquait de front ce qu'il avait en face et contenait tout ce qui menaçait ses derrières. Enfin, après quinze charges successives, Nansouty et Grouchy purent se réunir à la gauche d'Heinrichsdorf. Là encore on combattit avec un acharnement nouveau. Le cliquetis des sabres et le bruit des casques sous leurs coups résonnaient comme la grêle lorsqu'elle tombe à flots pressés et bondit sur nos toits retentissants. A la surface de cette vaste étendue qu'occupait la mêlée, on voyait de loin des milliers de panaches agités violemment comme la cime des forêts, lorsque les vents furieux y multiplient en sifflant leurs secousses et font voler au loin leur feuillage arraché. Nous sortîmes enfin victorieux de cette sanglante mêlée, et Grouchy put reprendre position sur le plateau en avant d'Heinrichsdorff. Toutefois ce ne fut qu'après avoir été joint par les brigades de cavalerie légère des généraux Colbert et Beaumont (1) qu'il parvint à nettoyer la plaine

(1) Brigade Colbert : 3e hussards, 10e et 15e chasseurs. Brigade Beaumont : 2e hussards, 4e et 5e chasseurs. En tout, environ deux mille chevaux.

des Cosaques restés sur notre gauche et nos derrières (1). Deux de leurs escadrons vivement poussés par le colonel Subervie (2) avec le 10ᵉ de chasseurs à cheval furent obligés de se jeter à la rivière.

Un tel résultat exaltait les courages. Il avait nécessité des efforts prodigieux, car le maréchal Lannes dans son rapport rend aux cuirassiers de Nansouty, aux dragons de Grouchy et à la brigade Albert des grenadiers d'Oudinot, le glorieux témoignage qu'ils s'étaient maintenus contre des forces triples. (T. 27ᵉ p. 154 des pièces autographes pour 1806 et 1807, au dépôt de la guerre.)

Mais ce qui contribua le plus au succès, vers la fin, fut l'entrée en ligne de l'infanterie de Mortier. Partie des environs de Lampasch à *une heure* du matin, elle avait fait une marche de plus de sept lieues. Le maréchal Mortier plaça les trois régiments de la division Dabrowsky de manière à protéger les batteries opposées à l'ennemi. Quant aux quatre régiments de la division Dupas, entrée en ligne à *neuf heures*, il la déploya

---

(1) Rapport de Grouchy. On le trouve au tome XXIII, p. 361, 364 des pièces autographes pour 1806 et 1807, recueillies et mises en ordre par le dépôt de la guerre en 1838; mais les matériaux écrits que m'a remis lui-même M. le maréchal de Grouchy sont plus complets. Dans le même volume, p. 365, on trouve que tous les colonels de sa division qui étaient légionnaires furent nommés grands-officiers. J'ajouterai que, pour lui, il fut nommé à cette occasion grand-aigle de la Légion-d'Honneur avec une pension de vingt mille francs sur les fonds de cet ordre. Le secrétaire-général, M. le maréchal-de-camp de Saint-Mars, m'a souvent dit que l'Ordre n'avait plus aujourd'hui que six grand-croix ou grands-aigles avec une pension de vingt mille francs; et que quatre datent de Friedland, ce sont: le maréchal marquis de Grouchy, le maréchal Oudinot duc de Reggio, et les lieutenants-généraux comte Dupont et comte Marchand.

(2) Aujourd'hui lieutenant-général et député.

à la droite d'Heinrichsdorf, où un bataillon du 4ᵉ d'infanterie légère et le régiment de Paris relevèrent les grenadiers d'Oudinot. En arrivant, Mortier avait eu son cheval tué d'un boulet. Avec la division Dupas, il repoussa l'attaque d'une colonne d'infanterie, en lui faisant éprouver d'énormes pertes. A partir de ce moment jusqu'à neuf heures du soir, cette division maintint comme un mur d'airain la position contre toutes les attaques, bien qu'elle fût battue par un violent feu d'artillerie et de mousqueterie. L'état des pertes, certifié par le chef d'état-major Godinot, montre qu'après la division Oudinot elle fut la plus maltraitée de l'armée (1).

La division Verdier (2), du corps de Lannes, n'entra en ligne qu'à *dix heures.* Cruellement éprouvée à la bataille d'Heilsberg, quatre jours auparavant, elle n'avait pu marcher aussi vite que les autres. Lannes, rassuré alors sur sa gauche, et renforcé sur sa droite qui

---

(1) Le maréchal Mortier dit, dans son rapport du 16, à Napoléon : « Tous les régiments se sont couverts de gloire, et l'on doit peut-être à la résistance opiniâtre du 15ᵉ, qui a particulièrement souffert (952 tués ou blessés), d'avoir pu conserver notre position.... J'ai l'honneur de recommander à votre majesté M. le colonel Baltus, commandant l'artillerie du 8ᵉ corps. Ses *batteries* ont fait à l'ennemi un mal incalculable. » — En lisant cette dernière ligne, j'aime à me rappeler que mon oncle Blaux commandait une de ces trois batteries.

(2) 2ᵉ d'infanterie légère,
    12ᵉ   —
    2ᵉ d'infanterie de ligne,
    72ᵉ   —   } 3 à 4,000 hommes.

5,517 hommes, le 15 mai, d'après Matthieu. Ses pertes à Heilsberg, et la réduction du sixième d'après la base hasardée tout-à-l'heure pour les divisions d'Oudinot, de Grouchy et deux brigades de cavalerie, permettent d'évaluer approximativement cette division à 3 ou 4,000 hommes.

n'était plus disséminée sur une aussi grande étendue, put avec elle aborder plus vivement les Russes. Nulle part aussi le combat ne fut plus acharné. Quatre fois l'ennemi avait saisi en force le bois de Sortlack; quatre fois il en fut repoussé, et nos tirailleurs pénétrèrent un instant dans le village; mais bientôt, menacés par les flammes des maisons qu'incendiait l'ennemi, ils furent obligés de lâcher prise, et les flots croissants des Russes revinrent à la lisière du bois.

A droite et à gauche, notre cavalerie moins nombreuse céda aussi du terrain. On cite les cuirassiers saxons et les carabiniers français comme ayant été les plus maltraités (1). Mais les Russes, rebutés par leurs pertes et par l'opiniâtreté de nos troupes, demeurèrent en suspens. Pourtant ils étaient alors plus de deux contre un (2). C'était le moment de nous accabler; mais ils craignirent peut-être de s'engager dans les profondeurs mystérieuses de ce bois, y soupçonnant un piége où les attendaient embusqués des corps maintenant cachés à leur vue. Le maréchal Lannes montra, il est vrai, une merveilleuse adresse à entretenir leur illusion sur nos forces. Il parle d'une de ses divisions qu'il partagea en deux colonnes mobiles, les faisant manœuvrer toute la journée de gauche à droite et de

---

(1) Plotho, Tages buch, etc., parle d'une charge où les cuirassiers saxons perdirent 300 hommes, et du soin que prenaient les soldats russes d'emporter jusqu'aux morts, parce qu'ils croyaient leurs cuirasses d'argent.

(2) On le jugeait ainsi parmi nos généraux. Les écrivains prussiens, Plotho et Both, affirment que l'armée russe tout entière était arrivée à neuf heures, et le dernier l'évalue de 70 à 75,000 hommes. Quoique dans le camp ennemi, leurs informations seraient-elles trompeuses? Le duc de Rovigo, dans ses Mémoires, avance que dans l'après-midi une partie des Russes étaient encore occupés à passer l'Alle.

droite à gauche, en dérobant si bien leurs mouvements, que chacune d'elles se battit plusieurs fois sur différents points de la ligne (1). Les ennemis abusés les prirent pour de nouveaux corps. On doit tenir compte aussi de la fatigue des troupes après une marche de nuit. L'ardeur du soleil y ajoutait; la faim devait se faire sentir. Et les blessés qui jonchaient en foule le terrain, ne fallait-il pas les transporter aux ambulances? On comprend que Benningsen trouva dans son indécision ces motifs suffisants pour ralentir le combat. Il dégénéra donc en une canonnade moins vive, plus meurtrière toutefois pour ses soldats que pour les nôtres mieux abrités. Combien ce moment de relâche dut nous sembler précieux! On put secourir les blessés qui gisaient encore à terre et les transporter loin du feu. Les maisons de Posthenen en étaient encombrées. On établit des ambulances en arrière, dans les bois, et jusqu'à Georgeneau.

(1) Rapport du maréchal Lannes daté de Telzitz, 23 juin 1807. — La relation, imprimée à Leipsick en allemand et en français, dit : Par les manœuvres bien dirigées de la division Verdier, qui fut employée tantôt à l'aile droite, tantôt à l'aile gauche, on parvint non seulement à se maintenir sur le champ de bataille, mais aussi à déloger les Russes du bois de Sortlak, et même à menacer leur flanc gauche et ce village. Au centre, les tirailleurs russes furent plusieurs fois rejetés sur leurs lignes.

CHAPITRE III.

§ 1ᵉʳ.

Mais où donc était Napoléon, tandis que depuis tant d'heures on se battait? Alors que Benningsen offrait une occasion si belle, pourquoi n'était-il pas arrivé avec le reste de ses troupes? Voilà ce que plus d'un lecteur s'est demandé, ce que répète encore aujourd'hui plus d'un officier général, avec la pensée peut-être que nos corps marchaient ce jour trop éloignés les uns des autres, tandis que l'armée russe, concentrée plus tôt qu'eux, tenait en main la chance d'accabler notre avant-garde. D'autres ont observé que, la veille, la garde impériale française se trouvait autour d'Eylau; qu'à la fin de ce même jour (13 juin), Victor avec le 1ᵉʳ corps en approchait; qu'enfin Ney, avec le 6ᵉ corps, n'avait guère bivouaqué plus loin que Mortier de Friedland (1). Ces faits sont exacts, et les mêmes cri-

(1) La feuille de l'itinéraire et emplacement de la grande armée, du 10 au 25 juin 1807, porte :

	Le 12 juin.	Le 13 juin.
Garde impériale,	Heilsberg,	Eylau.
1ᵉʳ corps, général Victor,	Sur Mehlsack,	Sur Eylau.
6ᵉ corps, maréchal Ney,	Eichhorn,	Eylau, en position à Schmoditten.
Corps de rés., maréc. Lannes.		Domnau, une brigade saxonne à Heilsberg.
8ᵉ corps, maréchal Mortier.	Dixen,	Eylau, en position à Lampasch, et se rend demain à Domnau.
3ᵉ corps, maréchal Davoust.	En av. d'Heilsberg,	En avant d'Eylau. La 1ʳᵉ division en réserve.
4ᵉ corps, maréchal Soult.		Sur Kreutzburg.

tiques ajoutent que si Napoléon fût arrivé avec l'infanterie de ces trois corps, présentant une masse d'environ 36,000 hommes, et eût livré sa bataille trois heures plus tôt, la lumière ne lui eût pas manqué pour recueillir tous les fruits de la victoire, et anéantir l'armée russe, puisque celle-ci ne dut qu'à la nuit le salut de ses débris.

Telles sont les critiques dont j'ai cru ne rien devoir omettre. Mais en jetant leur lueur douteuse sur un seul point de tableau, elles en ont laissé dans l'obscurité les autres parties, négligeant ainsi le point de vue d'ensemble d'où le général en chef embrassait dans toute leur étendue les obstacles, et en balançait les diverses nécessités.

Napoléon ne fut fixé qu'assez tard sur le point où était réellement concentrée la plus grande masse des ennemis. Le 13 à minuit, Lannes, qui était près d'eux, à Domnau, écrivait qu'il se croyait assez fort pour les culbuter. (Voir sa lettre au dépôt de la guerre, t. xxvii, p. 112.) Ce même jour, au soir, le général Latour-Maubourg (1) qui, plus éloigné sur la droite, avait suivi

		Le 13 juin.
Division Lasalle.		A Vittemberg, prend part à l'affaire.
1re div. de grosse cavalerie.		En avant et près d'Eylau.
2e —	—	Bivouaque à Tharau, prend part au combat.
2e —	—	Bivouaque à Tharau, en position derrière la 2e pendant ce combat.
1re division de dragons.		A Bartenstein.
2e —	—	Gerveysan.
3e —	—	Groslotz, Tarpau, prend part au combat de Wittemberg.
4e —	—	Bivouaque devant Eylau.

Réserve de cavalerie, grand-duc de Berg.

(1) Le général Latour-Maubourg, par la brigade Vattier, s'était étendu à plusieurs lieues sur sa droite, vers Bischofstein. Sa lettre, que j'ai vue au

la retraite de l'armée russe le long de l'Alle avec ses six régiments de dragons et les deux brigades légères, Durosnel et Bruyères, était encore aux environs de Bartenstein, contenu par l'arrière-garde de l'armée russe dont la plus grande partie avait dérobé sa marche derrière ce rideau, empêchant ainsi qu'on la suivît pour reconnaître au juste et ses forces et leur direction.

On savait vaguement qu'un corps détaché par Benningsen, après la bataille d'Heilsberg, avait remonté de Bartenstein vers le nord, afin de se réunir aux Prussiens. Ce corps les avait rejoints; mais quelle était sa force, on l'ignorait. Les rapports de Davoust, ses reconnaissances, le dire des prisonniers faits par lui, concordaient bien à indiquer le passage des Russes de Bartenstein sur Domnau et Kœnigsberg, dès le 12, et de Bartenstein sur Schippenbeil et Friedland. Mais on ne pouvait pas encore démêler avec certitude laquelle des deux masses ennemies était la plus forte, et s'il convenait de soutenir les corps de Soult (4ᵉ), de Davoust (3ᵉ) et de Murat, envoyés d'Eylau dans la direction de Kœnigsberg, plutôt que ceux de Lannes, de Mortier et de Grouchy poussés dans celle de Friedland.

On conçoit facilement qu'aussi long-temps que Napoléon fût tenu dans l'incertitude, il conservât sous sa main le corps de Ney (6ᵉ), sa garde et le corps de Victor (1ᵉʳ). Lannes, Mortier et Grouchy, avec quatre divisions d'infanterie et dix-neuf régiments de cavalerie, pouvaient sembler assez forts pour tenir dans un pays accidenté jusqu'à ce qu'on arrivât à leur aide. A quel

dépôt de la guerre, est datée du 14 juin; mais j'ai de fortes raisons de croire qu'écrivant avec précipitation, il aura mis le 14 pour le 13. Le 14, il se battait à Friedland avec le corps du maréchal Ney.

instant le doute de Napoléon cessa-t-il? Je manque de documents pour en fixer l'heure précise ; mais la correspondance des maréchaux Soult, Victor et Berthier, que j'ai pu consulter, montre que ce dut être tard. D'ailleurs le 1ᵉʳ corps était en arrière, fatigué (1) ; il fallait le rallier, lui laisser prendre quelque repos. On voit par une lettre du major-général Berthier, que le 13 à 10 heures du soir Napoléon croyait plusieurs corps de l'armée ennemie coupés (2). Tout me porte à croire que c'étaient ceux de Lestocq et de Kamenskoi contre lesquels marchaient Soult, Davoust et Murat. A

(1) Landsberg (*), 13 juin 1807, à 11 heures du matin.

« D'après les ordres que j'ai reçus hier, à sept heures du soir, à Mehlsack, le premier corps s'est mis en marche pour Landsberg où il arrive en ce moment. Il s'y reposera trois heures, et en repartira pour Preuss Eylau, en exécution des ordres de Sa Majesté qui m'ont été transmis postérieurement aux vôtres par le grand-duc de Berg et par M. le maréchal Soult. Les troupes étant *fatiguées de la marche qu'elles ont faite cette nuit, ne pourront guère arriver à Preuss Eylau*, mais elles en aprocheront. La cavalerie légère y sera rendue ainsi que les dragons..... La cavalerie ennemie nous a beaucoup harcelés hier. Depuis, nous ne la voyons plus. »

(2) le major-général lui écrit :

Eylau, 13 juin 1807, à *dix heures du soir*.

Au général Victor, commandant le 1ᵉʳ corps d'armée.

Il *paraît, général, que plusieurs corps de l'armée ennemie se trouvent coupés. On s'est battu ce soir sur plusieurs points.* Faites donc partir votre corps d'armée au jour, de manière à pouvoir faire demain dix lieues, et vous trouver encore de bonne heure sur le champ de bataille. Faites filer votre cavalerie, et de votre personne rendez-vous promptement vers l'empereur. Faites-moi connaître par le retour de l'officier d'état-major que je vous envoie l'endroit où vos troupes bivouaqueront ce soir, et à

(*) Landsberg est à cinq ou six lieues sud-ouest d'Eylau. Le pays est boisé.

minuit, le maréchal Soult écrit de Kreutzbourg (1) que le 14, à quatre heures du matin, il se remettrait en marche.

quelle heure vos têtes de colonne arriveront à Eylau, ce qui ne saurait être d'assez bonne heure.

» *Le major-général, prince de Neufchâtel,*
» Maréchal de BERTHIER. »

(1) Kreutzburg est à six lieues nord d'Eylau.

Kreutzburg, 13 juin.

« Je n'ai pu arriver qu'à cinq heures à Kreutzburg, où l'avant-garde a trouvé 150 hussards prussiens qui ont fui à son approche. Pendant la marche, ma gauche a été inquiétée par de nombreux partis de cavalerie, ce qui m'a mis dans le cas de faire plusieurs détachements. Un d'entre eux, composé de 25 hussards, a été jusqu'à *Zinten* qu'il a trouvé évacué, et où il y avait des magasins assez considérables en pois, avoine et eau-de-vie. Il était parvenu à en faire charger trente voitures qui viennent d'arriver à Kreutzburg, lorsqu'un gros corps de cavalerie ennemie est rentré en ville, a chargé le détachement, et l'a mené jusqu'à moitié chemin de cette ville.... J'ai dirigé le 8e de hussards sur Brandenburg.... D'après tous les renseignements, il paraît que le général *Lestocq s'est mis en marche de Zinten pour Kœnigsberg ce matin*, à une heure. Lui-même n'est parti qu'entre six et sept heures. Il s'est dirigé par Kobelbulde sur Mansfeld. A deux heures après midi, l'infanterie était entièrement passée. Il ne restait que la cavalerie et beaucoup de bagages.....

» *A huit heures du soir*, on a entendu une assez forte canonnade du côté de Kœnigsberg..., etc. »

Seconde lettre.

Kreutzburg, 13 juin, minuit.

«.... La canonnade entendue avait été dirigée par ordre du grand-duc (Murat) sur l'arrière-garde du général Lestocq.... A quatre heures du matin, je me mettrai en marche et me dirigerai sur Kœnigsberg. »

Troisième lettre.

Prappeln, 14 juin.

« Le corps d'armée est arrivé à Karschau, devant Kœnigsberg, ce ma-

§ 2.

A mesure que s'était animée l'action, et qu'avait grandi le péril dans la plaine de Friedland, les aides-de-camp et les officiers d'ordonnance s'étaient rapidement succédé pour dire à Napoléon les phases du combat et lui demander du secours. Le général Oudinot en envoya, m'a-t-il dit, jusqu'à six. Les premiers furent accueillis avec un peu d'incrédulité. Oudinot en renvoyait d'autres. « *Dites à l'empereur que mes petits* » *yeux y voient bien; que c'est toute l'armée russe, et que* » *je ne pourrai pas tenir.* » Le maréchal Mortier, démonté en arrivant par un boulet qui avait renversé son cheval, n'avait pas tardé à dépêcher également à Eylau son aide-de-camp Lapointe (1). Quelque temps après, le maréchal Lannes, investi du commandement supérieur, fit partir aussi l'un des siens. Les masses russes, arrivant alors en colonnes par la route de Schippenbeil, semblaient comme une immense forêt mouvante au bout de l'horizon. — « *Crève ton cheval, Saint-Mars* (2), lui » dit Lannes, *pour rapporter plus tôt à l'empereur que c'est* » *l'armée russe tout entière que nous avons sur les bras.* »

tin à neuf heures, en même temps que la cavalerie, commandée par son altesse le grand-duc, débouchait par le village d'Altenbourg. »

(Le registre de correspondance de M. le maréchal Soult m'a été communiqué, et diverses pièces de M. le maréchal Victor m'ont été prêtées avec une obligeance dont je suis d'autant plus reconnaissant que quelques unes ne se trouvent pas en ce moment au dépôt de la guerre.)

(1) Aujourd'hui maréchal-de-camp en retraite, à Paris, rue Caumartin. Il arriva chez le major-général Berthier quand on finissait de déjeuner.

(2) Aujourd'hui maréchal-de-camp, secrétaire-général de la Légion-d'Honneur.

— Saint-Mars, ensanglantant à coups d'éperons les flancs de son cheval, franchit avec rapidité la distance qui le séparait d'Eylau.

Quand il arriva, l'empereur en partait, suivi d'un brillant cortége de généraux qu'il entretenait tour à tour. Il fit placer près de lui Saint-Mars, et mettant son cheval au pas, s'informa dans le plus grand détail des incidents du matin, de ceux même de la veille, des divers accidents du terrain, de la position de nos troupes, de celles de l'ennemi. Mécontent de l'échec essuyé le soir à Friedland par la cavalerie d'avant-garde sous le colonel Gautherin (1), il fronça vivement le sourcil. Mais elle n'avait cédé qu'à un nombre quadruple, et Napoléon, facilement ramené, sourit en entendant le jeune aide-de-camp présager pour ce jour, anniversaire de Marengo, une victoire nouvelle sur les Russes qui avaient l'imprudente confiance de combattre avec la rivière de l'Alle à dos.

Pendant cette conversation, les deux divisions d'infanterie du maréchal Ney, depuis long-temps parties, précipitaient leur marche et approchaient de la plaine de Friedland. A une assez grande distance en arrière d'elles, les trois du premier corps et l'infanterie de la garde impériale suivaient, rivalisant de zèle pour se devancer sur le champ d'honneur, où les appelait le bruit du canon que les échos de ces forêts profondes ne cessaient de répéter. La cavalerie de ces corps (2), marchant plus vite, les avait précédés.

---

(1) Il reçut le grade de général après la bataille, où il fut grièvement blessé après les charges les plus brillantes. Maintenant il est en retraite dans une ville de Champagne; je ne me rappelle pas si c'est Troyes ou Arcis-sur-Aube.

(2) La brigade légère du général Beaumont, 2ᵉ de hussards, 4ᵉ idem,

A Domnau, Napoléon trouva le premier corps en bataille sur son passage. Les généraux Victor et Maison, chef de l'état-major, partis avec son cortége d'Eylau, le lui présentèrent. — « Il admira la beauté, l'air martial » et la tenue de ces soldats. — *Combien de pièces avez-* » *vous, Sénarmont?* dit-il au général d'artillerie. —*Trente-* » *six, sire.* — *C'est bien. Il faudra chauffer; le Russe aime* » *les boulets.* » Plus loin, au général Dupont, qu'il avait long-temps entretenu, il recommanda d'aller presser la marche de sa division, comptant sur elle avant de livrer bataille (1).

Mais bientôt, pressé d'arriver, Napoléon disparut derrière les flots de poussière soulevée par son escorte. Victor, Maison (2), l'accompagnaient, précédant leurs troupes afin d'étudier d'avance le terrain; et ils avaient peine à suivre sa course rapide avec leurs chevaux fatigués. Le premier, déjà compagnon de victoire de Napoléon à Marengo, allait saisir à Friedland son bâton de maréchal. En route, on avait rencontré, comme un présage heureux, les prisonniers russes faits le matin

---

5ᵉ de chasseurs. — La 4ᵉ division de dragons, lieutenant-général Lahoussaye : 17ᵉ, 27ᵉ, 18ᵉ, 19ᵉ régiments, les grenadiers, les chasseurs et les dragons de la garde impériale.

(1) L'empressement d'arriver était tel qu'il amena une querelle au passage d'un pont. Le général Dupont en retournant à sa division, la trouva, me dit-il, cul sur tête, morcelée par bataillon, par compagnies, entre lesquels était mêlée la garde impériale qui prétendait passer la première. Le général Dupont entra donc dans une colère horrible, menaça les commandants au nom de l'empereur, et s'autorisant de la circonstance qui pressait, fit jeter à l'eau diverses voitures dont le pont était encombré. Le passage rétabli, il laissa filer la garde la première.

(2) M. le maréchal duc de Bellune, en hiver, à Paris, rue du Regard, 7. — M. le maréchal Maison également, rue Richer, 8.

par Grouchy, lors de la prise d'Heinrichsdorf. On ne tarda pas à dépasser le corps de Ney; puis, les cris redoublés de « Vive l'empereur! vive l'empereur! » signalèrent son arrivée auprès des grenadiers d'Oudinot. Car tel était son ascendant : fatigues, dangers, blessures, le soldat oubliait tout, et retrouvait des forces avec une confiance nouvelle en l'apercevant.

§ 3.

Le maréchal Lannes vint aussitôt à lui. Lieutenant favori de l'empereur, il avait grandi sous sa main comme un géant. A sa valeur héroïque, à une ardeur inépuisable, il unissait alors une admirable intelligence des hautes parties de l'art militaire. Il rendit compte de ses opérations du matin qu'on a lues dans le chapitre précédent.

Ce fut ensuite le tour d'Oudinot.— « *Je vous amène* » *l'armée*, lui dit l'empereur en l'abordant; *elle me suit.*» Puis parcourant des yeux la plaine couverte de tant de milliers de combattants : « *Où est donc l'Alle?* demanda-t-il. Elle était alors cachée à sa vue par les mouvements du terrain. « —*Là*, répondit Oudinot en étendant le » bras, *derrière l'ennemi.* » Puis avec son langage militaire : « *Je lui mettrais le cul à l'eau, si j'avais du monde;* » *mais j'ai usé mes grenadiers.*» En effet, dans ce moment il ne lui restait plus d'autre réserve qu'un bataillon placé près des munitions; encore, quatorze de ses hommes venaient-ils d'être enlevés par l'explosion d'un caisson. Le reste, étendu en faible rideau devant l'ennemi, eût été percé comme une toile d'araignée, me disait il y a peu de jours le maréchal Oudinot, avec son expression pittoresque, si les Russes mieux con-

duits m'eussent attaqué à fond. — Napoléon voulait savoir au juste la distance de la rivière et le nombre des ennemis. — « *Vous les voyez, sire. — Oui, mais en
» masses. Vous qui les avez vus depuis le matin se dé-
» ployer plus d'une fois, vous avez pu mieux en juger.
» — Quatre-vingt mille, sire. — Ils semblent plus nom-
» breux.* » Et Napoléon, peu satisfait de ce qu'il découvrait dans l'éloignement à l'aide de sa longue-vue, s'approchait des ennemis afin de mieux distinguer. — «*Allons, sire, ce n'est pas là votre place. J'y vais, moi,
» je ne veux pas que vous attrapiez leurs balles. Voyez-
» vous comme elles ont arrangé mon cheval.* » En effet, l'animal était tout sanglant de ses blessures. Ce jour-là, contre son ordinaire, Oudinot n'en avait point encore reçu.

Devant le dévouement de ces braves et de leur chef, Napoléon était ému d'admiration (1). Quand, sur le front de la ligne, il eut achevé sa reconnaissance : — «*Oudinot*, lui dit-il, *je savais que partout où vous étiez
» je n'avais à craindre que pour vous. Mais aujourd'hui,
» vous vous êtes surpassé.* » Puis il ajouta : « *Encore quel-
» ques heures, et si l'ennemi reste dans cette position, il est
» perdu.* »

En effet, Benningsen avait mis son armée dans une position des plus périlleuses. Étendue sur une longueur de cinq quarts de lieue, à peu de distance en avant de l'Alle, où s'appuyaient par leur extrémité opposée ses deux ailes, cette armée pouvait y être précipitée, à moins qu'elle eût le temps d'opérer sa retraite par la ville de Friedland où étaient ses trois ponts, et que

---

(1) Après cette bataille, le général Oudinot reçut le titre de comte avec une dotation d'un million, dont vingt mille francs sur la Légion-d'Honneur.

couvrait son aile gauche, en position depuis Sortlack jusqu'au ravin près de cette ville. Mais en culbutant d'abord cette aile gauche et en s'emparant avec rapidité de la ville et des ponts, on pouvait couper le reste de l'armée russe étendue jusqu'à trois quarts de lieue au-delà, dans la direction du nord. Celle-ci alors, acculée à l'Alle par des troupes victorieuses, semblait devoir être prise ou jetée dans cette rivière.

Une autre circonstance était favorable à cette attaque : Friedland, au-dessus duquel étaient les ponts, se trouve dans un coude de l'Alle, dont le rentrant, ouvert à l'occident par où nous arrivions, s'élargissait peu à peu de notre côté, mais se resserrait au contraire à mesure qu'on approchait de cette ville. A quelques centaines de toises en avant d'elle, l'espace était encore réduit par un long étang que forme le ruisseau du moulin, dont le ravin coupait en deux parties la plaine, et séparait l'aile gauche des Russes du reste de leur armée. Poussée vivement au fond de l'entonnoir, cette aile gauche devait y être acculée avant de pouvoir s'écouler. Alors, au sein de ses masses profondes, notre feu deviendrait des plus meurtriers, tandis que le sien, diminué d'étendue, le serait beaucoup moins pour nous.

Saisir avec rapidité Friedland était donc le point capital. Sa prise devait mettre en nos mains la clef du champ de bataille. A l'impétueux maréchal Ney, avec ses deux divisions, Napoléon réserva l'honneur de frapper ce grand coup.

En ce moment elles débouchaient en arrière de Posthenen. Un ordre les fit appuyer à droite et entrer dans le bois de Sortlack qu'elles nettoyèrent d'ennemis. En défilant à travers les blés, elles distinguèrent de loin le maréchal prenant les ordres de l'empereur.

Peu après il dicta ainsi son ordre de bataille. J'ai entre les mains l'original envoyé par le major-général au maréchal Victor, et le copie textuellement.

Ordre de bataille (1).

« Le maréchal Ney prendra la droite ; il appuiera à la position actuelle du général Oudinot. Le maréchal Lannes fera le centre, qui commencera à la gauche du maréchal Ney, c'est-à-dire à peu près vis-à-vis du village de *Posthenen*. La partie de la droite que forme actuellement le général Oudinot appuiera insensiblement à gauche pour renforcer le centre, et le maréchal Lannes réunira autant qu'il le pourra les divisions.

(1) Cet ordre, dont on peut constater l'authenticité, présente quelque différence avec celui qu'a imprimé Matthieu Dumas dans son XIXe volume, p. 14 à 16. Il y est dit : « 1° Le maréchal Lannes fera le centre qui commencera à la gauche du maréchal Ney, *jusqu'à peu près le village de Posthenen*. — 2° La cavalerie du général *Espagne* et les dragons de Grouchy réunis à la cavalerie de l'aile gauche, etc. «

Il s'ensuivrait, du premier point, que le centre de l'armée française aurait eu *sa gauche à peu près vis-à-vis de Posthenen*, tandis qu'au contraire ce fut *sa droite*, et que sa gauche allait bien au-delà dans la direction d'Heinrichsdorf.

Quant à la division Espagne, elle ne se trouva pas à Friedland. Dans un état d'emplacement que j'ai lu au dépôt de la guerre, elle est inscrite comme ayant pris part, le 13 juin, au combat de Wittemberg, du côté de Kœnigsberg, et le 14 à l'affaire de Neydersdorf, sous Murat. Ensuite, le 99e bulletin, qui nomme les quatre divisions de cavalerie Grouchy, Nansouty, Lahoussaye, Latour-Maubourg et la cavalerie du corps de Mortier, ne dit pas un mot de la division Espagne. Enfin, dans une lettre dictée pour Murat à trois heures de l'après-midi, Napoléon lui dit de venir à Friedland avec deux divisions de cuirassiers et d'arriver à une heure. La division Espagne était l'une de ces deux.

Par ce ploiement il pourra se placer sur deux lignes.

» La gauche sera formée par le maréchal Mortier qui n'avancera jamais, le mouvement devant être fait par notre droite, et devant pivoter sur la gauche.

» Le général Grouchy, avec la cavalerie de l'aile gauche, manœuvrera pour faire le plus de mal possible à l'ennemi, qui, par l'attaque vigoureuse de notre droite, sentira la nécessité de battre en retraite.

» Le général Victor formera la réserve. Il sera placé en avant du village de *Posthenen*, ainsi que la garde à pied et à cheval (1).

---

(1) Voici l'état des forces donné par Matthieu Dumas (t. xviii), pour l'époque du 15 mai 1807 :

1er corps, *Victor, Maison.*

Division Dupont,	7,541 hommes.
— Lapisse,	8,406
= Villatte,	7,600
Cavalerie légère de Beaumont,	1,484
4e division de dragons, Lahoussaye,	2,260
	27,291

6e corps, *maréchal Ney.*

Division Marchand,	7,230
— Bisson,	7,485
Cavalerie légère de Colbert,	1,117
Artillerie,	1,168
1re division de dragons Latour-Maubourg,	
6 régiments, 18 escadrons,	2,987
	19,987

Corps de réserve, *maréchal Lannes.*

Grenadiers d'Oudinot,	9,573
— trois escadrons,	250
A reporter,	9,823

»La division Latour-Maubourg sera sous les ordres du maréchal Ney. La division Lahoussaye sera sous les ordres du général Victor.

	Report	9,822
Division Verdier,		5,517
Infanterie saxonne,		5,225
Cinq escadrons, id.		1,070
Artillerie, id.		579
1re division de grosse cavalerie, Nansouty, 6 régiments, 24 escadrons,		4,282
		26,486

8e corps, *maréchal Mortier.*

Division Dupas,	8,465
— Dabrowsky,	
Dragons bataves, trois régiments,	
Par approximation,	15,000
2e division de dragons Grouchy.	1,859
	16,859

Garde impériale.

INFANTERIE. Artillerie.	797
— Grenadiers à pied,	1,694
— Chasseurs,	1,760
— Fusiliers, 2e régiment,	1,334
— — 1er régiment,	1,161 (1).
— Marins,	493
	6,746
CAVALERIE. Grenadiers à cheval,	688
— Chasseurs —	881
— Gendarmerie d'élite,	239
— Dragons (oubliés, je suppose),	700
	2,508
	9,254

(1) Les marins de la garde furent laissés à Dantzick.

» L'empereur sera à la réserve au centre.

» On doit toujours avancer par la droite, et on doit laisser l'initiative du mouvement au maréchal Ney, qui doit attendre l'ordre de l'empereur pour commencer.

» Du moment que le maréchal Ney commencera, tous les canons de la ligne devront doubler le feu, et dans la direction de protéger son attaque.

» *Devant Friedland, au bivouac, le 14 juin 1807, à deux heures après midi.*

» *Le prince de Neufchâtel, major-général,*
» Maréchal AL. BERTHIER.

§ 4.

Tout était bien arrêté; mais il fallait encore plus de deux heures pour que Napoléon eût en main l'infan-

Récapitulation.

Maréchal Ney,	19,987 hommes.
Maréchal Lannes,	26,486
Maréchal Mortier avec Grouchy,	16,859
Victor,	17,291
Garde,	9,254
Total	99,877

En opérant la réduction d'un sixième d'après la base adoptée plus haut, on trouverait 83,231 hommes.

En défalquant 1° une brigade saxonne laissée à Heilsberg,	2,850 h.
2° Les pertes de Lannes à cette bataille,	2,887
3° Celles de Ney à Gustadt et Deppen,	3,339
	9,076

4° Enfin les divers détachements laissés par les corps pour la garde de ce qu'ils laissaient en arrière, on trouverait qu'à Friedland notre armée ne comptait pas soixante-quinze mille hommes. C'était donc l'arrivée des trois divisions de Davoust et de deux divisions de Murat qui devait lui donner la supériorité du nombre.

terie de sa garde et du 1ᵉʳ corps. Jusque là, Benningsen, plus fort que lui, pouvait combattre avec avantage, ou bien se retirer à son gré. A trois heures, l'empereur fit écrire à Murat par le major général :

Au grand-duc de Berg.

Devant Friedland, le 14 juin, à 3 heures de l'après-midi.

« La canonnade dure depuis trois heures du matin ; l'ennemi paraît être ici en bataille avec son armée, il a voulu d'abord déboucher sur Kœnigsberg ; actuellement il paraît songer sérieusement à la bataille qui va s'engager. Sa Majesté espère que vous serez entré à Kœnigsberg (une division de dragons et le maréchal Soult suffiront pour entrer dans cette ville), et qu'avec *deux divisions de cuirassiers* (1) et le maréchal Davoust, vous aurez marché sur Friedland ; car il est possible que l'affaire dure encore demain. Tâchez donc d'arriver à une heure du matin. Nous n'avons point encore de vos nouvelles d'aujourd'hui. Si l'empereur suppose que l'ennemi est en très grande force, il est possible qu'il se contente aujourd'hui de le canonner, et qu'il vous attende. Communiquez une partie de cette lettre à MM. les maréchaux Soult et Davoust. »

Cependant Victor et Maison avaient dépêché jusqu'à dix officiers pour hâter l'arrivée de leurs trois divisions. Ainsi que la garde, elles précipitaient leur marche au pas de course.

L'empereur toutefois hésitait encore à croire que l'armée ennemie l'attendît sur cette rive de l'Alle. « Il ne concevait pas son but, puisqu'elle était inférieure à

(1) Voici la division Espagne mise par Matthieu Dumas à Friedland.

ce qu'il pouvait lui opposer. La position lui paraissait si extraordinaire, qu'il envoya en reconnaissance tous les officiers qui étaient autour de lui. Il me donna à moi (*Mémoires du duc de Rovigo*, t. III, c. VI, p. 87-88) l'ordre de m'en aller seul, le long du bois qui était à notre droite, chercher un point d'où l'on pût découvrir le pont de Friedland, et, après avoir bien observé si les Russes passaient sur notre rive, ou bien s'ils repassaient sur la rive droite, de venir lui en rendre compte.

» Je pus exécuter cet ordre avec facilité; je revins trouver l'empereur, et lui dire que non seulement les Russes ne se retiraient pas, mais qu'ils passaient tous sur notre rive, et que chaque demi-heure, on voyait leurs masses grossir sensiblement; qu'ainsi il fallait s'attendre à ce qu'ils seraient prêts dans une bonne heure.

» — Hé bien! moi, je le suis, dit l'empereur; j'ai donc une heure sur eux, et puisqu'ils le veulent, je vais leur en donner.

» Il avait fait former ses colonnes dans les immenses bois à la lisière desquels s'était placé le maréchal Lannes. L'artillerie seule était sur les grands chemins, et ne sortait pas non plus du bois (*c'est le bois de droite, non celui du milieu, ni de la gauche*). Par bonheur pour nous, il y avait dans le bois trois belles et larges percées qui permettaient de mettre dans chacune une colonne d'infanterie, et une de cavalerie ou d'artillerie.

» Tout ce que l'empereur attendait étant arrivé, on laissa une demi-heure au soldat pour se reposer. On s'assura par les plus minutieuses observations, si les armes étaient en bon état, si chaque soldat était amplement pourvu de munitions. Cela fini, l'empereur, qui était sur le terrain, fit déboucher tout à la fois. »

CHAPITRE IV.

§ 1ᵉʳ.

Toutes les montres avaient été réglées sur la sienne (1). A cinq heures précises, un premier coup donna le signal aussitôt répété par trois salves d'une batterie de vingt canons (2). Puis, sur toute l'étendue de notre ligne, éclatèrent les roulements de l'artillerie qui doublait ses feux en les dirigeant vers la gauche des Russes afin de favoriser l'attaque du maréchal Ney.

En même temps, les deux divisions d'infanterie de celui-ci sortaient massées du bois qui jusqu'alors avait caché leurs dispositions. On les voyait, l'arme au bras, s'avancer à grands pas dans la plaine, en prenant leur direction un peu à gauche, sur le clocher de Friedland, dont la pointe, se détachant dans les airs au bout de l'horizon, servait ainsi à les guider; car la montée du terrain leur cachait la ville, le lit de la rivière et l'autre versant par lequel y descendait la plaine.

La division de gauche, Bisson, se développait lentement en échelons. Ce n'était pas avec elle que Ney voulait d'abord entamer l'attaque, mais avec celle de droite, afin d'opérer ensuite une conversion à gauche, toujours en combattant (4). Les cinq régiments de la division Marchand précédaient donc en se rapprochant

Consulter : — 1° le lieutenant général Subervie, alors colonel du 10 de chasseurs à cheval dans le corps du maréchal Ney, aujourd'hui membre de la Chambre des députés. Paris, rue Cadet; — 2° le 79ᵉ bulletin de la grande armée; — 3° l'ordre de bataille donné par Napoléon; — 4° le rapport manuscrit du maréchal Ney daté de Friedland, 15 juillet 1807, de l'Alle. Afin d'aborder plus rapidement le flanc gauche de la ligne ennemie, ils marchaient en une colonne par divisions, masse épaisse et profonde d'environ cinq mille hommes (5), sur un front de soixante à quatre-vingts baïonnettes. Son mouvement faisait replier avec rapidité une nuée de tirailleurs ennemis qui fuyaient devant elle (6).

Tout-à-coup sa marche fut arrêtée par un coude de l'Alle. Elle l'avait aperçu seulement quand elle était sur le point d'y toucher. Il barrait le passage, et dans ses flots se débattaient une multitude de fantassins russes qu'elle y avait poussés (1). Dans ce moment, son artillerie un instant retardée avait cessé de la protéger. Une grêle de mitraille accabla son front et vint fouetter son flanc droit, exposé aux pièces russes placées de l'autre côté de la rivière. En un clin d'œil, dans le 69e régiment (2) le colonel Fririon tomba frappé d'un biscaïen, et ses chefs de bataillon furent mis hors de combat. Qu'on se figure les soldats ainsi placés sous une grêle de projectiles, quand des nuages de fumée

---

t. XXXIV, in-folio (p. 39) des pièces autographes pour 1806 et 1807, classées au dépôt de la guerre, sous les soins du lieutenant-général Pelet, en 1838, bureau du colonel Reveu ; — 5° l'état inséré par Matthieu Dumas, à la fin de son XVIIIe volume, donne à la division Marchand 7,230 hommes, au 15 juin 1807. Du 5 au 10 mai, elle avait perdu 1,507 hommes, tués, blessés, égarés ou prisonniers. Ainsi que le corps de Lannes, nous la réduisons d'un sixième (voir au dépôt de la guerre l'état des pertes, carton des pièces non encore reliées) ; — 6° le général Fririon, alors colonel du 69e d'infanterie, aujourd'hui en retraite à Strasbourg.

(1) Dans le rapport précité, le maréchal Ney dit : « *Notre attaque a été si brusque, que deux mille hommes au moins ont été forcés à coups de baïonnette de se jeter dans l'Alle où ils se sont noyés.* »

(2) Le 76e régiment marchait le 1er mai, mais je n'ai pas eu de détails sur lui.

dérobent à leur vue les chefs, et qu'étourdis par les détonations ils cessent d'entendre les commandements! L'ennemi, qui s'y attendait, en profita pour lancer sur la colonne une charge de cavalerie. Elle vint tomber sur son flanc gauche avec la rapidité du vent. Des cavaliers passèrent même en bondissant entre les intervalles des régiments, et un porte-aigle du 69ᵉ se jeta par terre afin de couvrir de son corps le drapeau qu'il portait (1).... Toutefois cette bourrasque fut de courte durée. L'ennemi s'était trop tôt flatté de surprendre notre infanterie en désordre. Hérissée de ses baïonnettes, elle soutint le choc avec sa masse inébranlable, et les dragons de la division Latour-Maubourg, formés rapidement en arrière, vinrent au galop dissiper cette cavalerie.

Quelques officiers du 6ᵉ corps blâmaient cette pointe en avant de la division Marchand, lancée ainsi seule sur le flanc de la ligne ennemie que l'Alle devait empêcher de tourner (2); mais d'autres observaient qu'elle avait été jetée en partie à la rivière; que le contre-coup avait réagi sur le reste de cette ligne ébranlée, qu'elle avait abandonné du terrain, surtout des mamelons favorables au jeu de son artillerie.

§ 2.

Tandis que la colonne de Marchand se dégageait de

(1) Le général Fririon m'a dit lui avoir fait donner la croix à cette occasion.

(2) Consultez entre autres le lieutenant-général Subervie et les Mémoires du duc de Rovigo (t. III, p. 89): « Le maréchal Ney commença, » dit-il, et s'engagea très vivement; ses troupes s'emportèrent et voulurent » d'un premier élan insulter jusqu'au pont de Friedland. *La division* qui » l'avait entrepris fut si vertement ramenée, etc. »

ses blessés, et se reformait un peu en arrière dans un ordre différent, les échelons de la division Bisson avançaient à leur tour en faisant une conversion à gauche. Ces neuf régiments d'infanterie présentant une force d'environ *dix à onze mille hommes* (1), se déployaient en grande partie dans l'ordre mince, afin de développer tous leurs feux, et de moins souffrir de ceux de l'ennemi. Leur ligne de bataille barrait la partie méridionale de la plaine sur une étendue de mille à douze cents toises, allait par sa droite s'appuyer à l'Alle, et prolongeait son flanc gauche jusqu'au ruisseau du moulin, en reployant de ce côté les Russes, déjà refoulés vers la droite par Marchand. Sur le front, un rideau de tirailleurs, fantassins et cavaliers, jetés en avant pour éclairer la marche, étaient aux prises avec ceux des Russes, avançant ou se repliant tour à tour. Ici des groupes se pelotonnaient précipitamment en rond contre les attaques des cavaliers ; là, d'autres regagnaient à toutes jambes leurs petites réserves, ou se retiraient poursuivis vers les intervalles des batail-

(1) 1re division Marchand, sous les généraux de brigade Mancune, Marcognez et Brun : 6e d'infanterie légère, 69e de ligne, 39e idem, 76e idem, 31e léger ; — 2e division Bisson, généraux de brigade Bardet et Labassée : 25e léger, 27e de ligne, 50e de ligne, 59e de ligne. Au 15 mai, cette 2e division comptait 7,485 hommes. Ayant perdu 1,427 hommes du 5 au 10 juin, elle n'en devait avoir que 6,058. Dans l'intervalle de ces deux époques, leurs pertes me sont inconnues : elles sont vraisemblablement compensées par les conscrits reçus.

Marchand,	5,723 hommes.
Bisson,	6,058
Artillerie,	1.089
	12,870
Par la réduction d'un sixième,	10,700

lons, où ils cherchaient un abri. Mais ce mouvement tumultueux, qui animait la scène par cent engagements légers, ne tarda pas à s'effacer entre les deux lignes, car elles allaient bientôt s'aborder pour un combat plus sérieux.

Plus d'une heure avait été employée pour avancer ainsi d'environ cinq cents toises. A l'endroit où notre aile droite était parvenue, le terrain, cessant de monter, descendait en pente vers l'Alle, et de ce point élevé de la plaine apparaissaient à nos soldats le panorama de Friedland, le lit de la rivière avec ses sinueux détours, et devant eux l'aile gauche des Russes, resserrée, compacte, déployée sur deux lignes, présentant de 36 à 54 bataillons (1) (à peu près 18 à 27,000 *hommes*) avec des réserves massées en arrière. La garde russe était cachée par l'enfoncement du terrain près de l'étang. De l'autre côté de l'Alle, la 14ᵉ division, placée le long du grand chemin de Schippenbeil, et rangée en colonnes par bataillons, formait la grande réserve avec quelques escadrons (2). De l'autre côté du ravin où coulait le ruisseau du moulin, trois divisions d'infanterie formaient l'aile droite des Russes sous

---

(1) D'après Mathieu Dumas, t. XIX, p. 10, l'aile gauche, sous les ordres du prince Bagration, n'avait que *deux* divisions. Jomini lui en donne *quatre* (*Vie politique et militaire de Napoléon*, t. II, p. 414). Le major Both, *quatre*: 4 divisionen den linken Flügel von der Alle bis zum mühlen Fliesse... bildeten, p. 7. (Relation der Schlacht bey Friedland. Berlin.) Le même Jomini (t. II, p. 335) porte à 18 bataillons et 20 escadrons la force d'une division russe, et son artillerie à 72 pièces. Je serais tenté de croire à quelque faute d'impression pour l'artillerie, car je lis dans le même volume : Les 18 divisions de l'armée russe avaient 324 bataillons, 335 escadrons et 1,038 pièces de canon (il en faudrait 1,296).

(2) Both, p. 8 et 16, et Matthieu Dumas, t. XIX, p. 10.

Gortschakow, avec les deux tiers (1) de leur cavalerie, (environ 120 escadrons et 12 régiments de Cosaques) (2). Cette aile s'étendait depuis le ruisseau jusqu'à l'Alle (en traversant la briqueterie, Ziegelei, et le bois de Domerauer). Dans cette position, la ligne de bataille des Russes, composée de près de 80,000 hommes (3), semblait former un arc dont les deux extrémités s'appuyaient à la rivière. Quatre ponts volants, jetés sur le ruisseau du moulin, liaient ces troupes entre elles.

Arrivés où nous venons de le dire, les soldats du maréchal Ney pouvaient distinguer à gauche, de l'autre côté du ruisseau, les charges de notre cavalerie cherchant à détourner d'eux les feux de cette partie de l'armée russe. Les reflets lumineux, renvoyés par les cuirasses, étincelaient en mille éclairs, et disparaissaient soudain, quand les cuirassiers galopaient dans les

---

(1) Both, p. 7. — Jomini, t. II, p. 414.

(2) Matthieu Dumas dit qu'elle était composée en tout de 180 escadrons et de 19 régiments de Cosaques. Le chiffre de 20 escadrons, attribué par Jomini à chaque division d'infanterie, donne un nombre qui s'en rapproche assez.

(3) Matthieu Dumas, sans citer ses autorités, évalue à 61,000 combattants l'armée russe à Friedland. Il compose son infanterie de 161 bataillons en six divisions (t. XIX, p. 10). En donnant, avec Jomini (t. II, p. 335), à chaque division russe 18 bataillons, et admettant le chiffre très faible de 400 hommes pour chacun d'eux, nous arriverons à trouver plus de neuf divisions et une masse de 64,400 hommes d'infanterie. Si on y ajoute au moins 20,000 hommes de cavalerie pour plus de 200 escadrons, on arrivera au chiffre d'environ 85,000 hommes. D'après ce que m'assure le maréchal Oudinot, Napoléon la croyait plus forte en l'examinant des hauteurs de Posthenen avec sa longue-vue. — Le major prussien Both l'évalue entre 70 et 75,000 combattants (p. 7). C'est probablement du journal de Plotho que Matthieu Dumas a emprunté son chiffre, qui me semble au-dessous de la réalité, d'après les autorités que je cite.

blés dont la hauteur les cachait à demi. Dans cette perspective lointaine, plusieurs croyaient voir des obus étendre rapidement des traînées d'incendie à travers les seigles d'une maturité hâtive. Alors, dans les rares intervalles des détonations, il leur semblait entendre, comme un glas funèbre, les cris perçants des fantassins blessés qui n'avaient pas le temps d'échapper à ces flammes.

Mais de plus grands dangers absorbaient l'attention devant la ligne de Ney. Rapprochée des Russes, elle échangeait avec eux, sur tout son front, un feu terrible d'artillerie et de mousqueterie. On distinguait surtout des batteries placées de l'autre côté de l'Alle, sur une plate-forme élevée qu'enveloppait le dernier coude de cette rivière, au midi de Friedland. Elles balayaient la plaine, et causaient dans nos rangs d'affreux ravages. Oh! si la fougue française eût pu s'y soustraire, en courant éteindre leurs feux à travers les lignes ennemies! Mais ces lignes, leurs réserves et une rivière profonde à traverser!... Il n'était pas possible d'y songer. Ney recourut donc à l'artillerie. De sa gauche moins maltraitée, car elle était mieux abritée par les plis du terrain (1), il retira les pièces (2) afin de ren-

---

(1) Voir le plan. — D'après l'état des pertes du 6ᵉ corps à Friedland (pièces du dépôt de la guerre), état que je donnerai plus loin, les deux régiments de l'extrême gauche 59ᵉ et 50ᵉ sont ceux qui ont le moins perdu de monde.

(2) Dans une notice manuscrite envoyée cette année au ministre de la guerre, et dont le double m'a été remis, le colonel du 59ᵉ, aujourd'hui le lieutenant-général d'Alton, commandant la 2ᵉ division militaire, dit (page 3, que pour remplacer l'artillerie de Bisson *occupée à droite*, Napoléon fit avancer au moins douze bouches à feu du 1ᵉʳ corps qui se placèrent à gauche près du ravin.

forcer celles de sa droite. Néanmoins ses canonniers, trop peu nombreux encore, voyaient leur feu dominé. Déjà près d'un millier de blessés était tombé sur le carreau ou se détachait de ses rangs, et un flottement d'hésitation annonçait que sous ces décharges le moral des soldats commençait à s'ébranler. Alors surtout les chefs se prodiguent. Ney, l'œil en feu, la voix tonnante, parcourt ventre à terre toute l'étendue de sa ligne. Chacun de ses régiments le voit au plus fort du danger. Courage! répètent les braves, encore un effort, et la ligne ennemie va céder une seconde fois sous nos coups!

§ 3.

Durant cette lutte acharnée, tout se disposait en arrière pour les soutenir. La cavalerie de Ney, composée de neuf régiments qui présentaient environ *quatre mille hommes* (1), s'était avancée de la lisière du bois vers la droite, hors de portée du feu, mais voyant arriver devant son front quelques boulets morts.

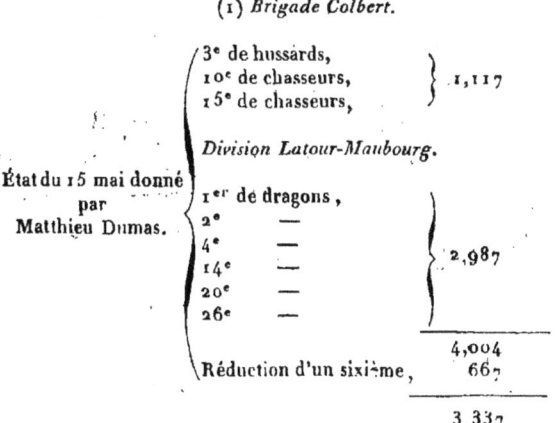

(1) *Brigade Colbert.*

État du 15 mai donné par Matthieu Dumas.
- 3ᵉ de hussards,
- 10ᵉ de chasseurs,
- 15ᵉ de chasseurs, } 1,117

Division Latour-Maubourg.
- 1ᵉʳ de dragons,
- 2ᵉ —
- 4ᵉ —
- 14ᵉ —
- 20ᵉ —
- 26ᵉ —
} 2,987

4,004
Réduction d'un sixième, 667

3,337

Plus en arrière à gauche, Napoléon planant toujours sur l'ensemble de la bataille, avait fait avancer le premier corps, à la droite de la route d'Eylau, derrière un large et haut mamelon qui l'abritait. Ses trois divisions d'infanterie sur deux lignes, et, en troisième, les quatre régiments de dragons du général Lahoussaye, montraient une masse de plus de *vingt mille hommes* (1).

Bientôt un nouvel ordre de Napoléon avait fait porter à droite en avant la division Dupont (6 à 7,000 hommes) au soutien du 6ᵉ corps. Fière des actions d'éclat qui l'ont distinguée dans cette campagne, elle s'apprête à un succès nouveau. A gauche d'elle et plus en avant, sa batterie se rapproche de la ligne d'infanterie de Ney.

(1) Effectif du 1ᵉʳ corps le 15 mai, par le même.

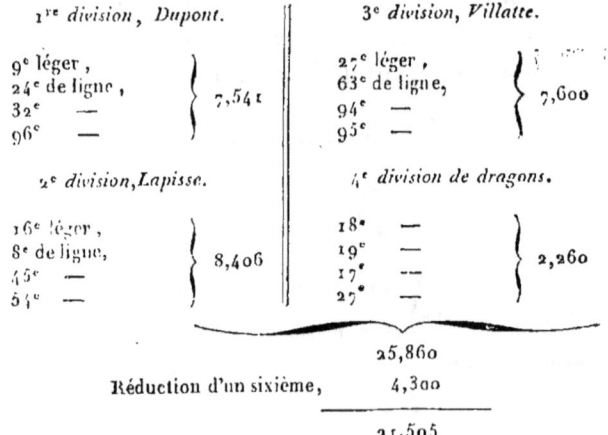

Observation. Ce corps avait laissé quelque monde sur la Passarge et sa brigade de cavalerie légère, Beaumont (2ᵉ de hussards, 4ᵉ id. et 5ᵉ de chasseurs), combattait à l'aile droite avec Grouchy.

Celle-ci demeurait toujours enveloppée d'un nuage ; car l'immobilité absolue de l'air empêchait la fumée des décharges de s'élever, et les soldats tiraient presque sans voir. En ce moment le combat était presque suspendu au centre et à l'aile gauche de l'armée française, étendus en amphithéâtre sur le penchant des collines, en sorte que tous les regards attachés sur les tourbillons mouvants de ce vaste nuage cherchaient à percer son obscurité continuellement sillonnée par des milliers d'éclairs. Tout-à-coup on croit voir que nos soldats ont cédé du terrain. Les généraux en reculant ont-ils voulu les abriter derrière quelqu'un de ses plis ? Mais quels flots de combattants se détachent de leur ligne ! Seraient-ils tous blessés ? En ce moment, les crépitations de la mousqueterie redoublaient en se rapprochant avec une intensité nouvelle, et quelques boulets arrivaient sur la division Dupont. Son général ému se précipite seul au galop pour en reconnaître de plus près la cause : c'était la garde impériale russe survenue au secours de la ligne haletante de Bagration, et sous ce nouvel effort les troupes de Ney commençaient à plier.

Bientôt on voit arriver, ventre à terre, un aide-de-camp de l'empereur, le général Mouton. « *Tenez-vous » ferme contre la cavalerie, tout-à-l'heure*, crie-t-il en » passant au général Barrois (1), qui commandait la » seconde brigade de Dupont. *On ne résiste pas long-» temps à un feu pareil.* » En effet le désordre se mettait dans la ligne de Ney. A sa droite, devant les rangs ouverts et déchirés de la division Marchand, la cavalerie russe, épiant l'occasion, avait chargé soudain.

(1) Aujourd'hui lieutenant-général, rue Hillerin-Bertin, 11.

Deux ou trois régiments, saisis d'une terreur panique à son approche, s'étaient renversés; leur masse tourbillonnait en cohue informe, sans toutefois se disperser encore, et le général Marchand se précipitait au milieu du désordre en leur criant d'arrêter. A gauche, dans la division Bisson, l'aspect de la déroute était effrayant. Déjà plus de la moitié était entraînée à huit cents pas en arrière, et ses fuyards débandés couvraient la plaine, mêlés aux cavaliers ennemis qui s'élançaient au milieu d'eux. Cinq minutes de plus, me répétait encore, il y a peu de jours, le général Dupont, et il me semblait voir les Russes perçant notre aile droite de part en part. Jugez de mon émotion ! Aussitôt, frémissant de perdre une seconde, il pique des deux vers sa division, fait battre la charge, et saisissant l'instant décisif, se jette au-devant de l'ennemi avec sa première ligne; Barrois, en seconde ligne, avec ses six bataillons en colonnes, suit le mouvement. Tous obliquent vers la droite, laissant à gauche l'espace libre pour les renforts que Dupont envoie coup sur coup demander au reste du 1er corps.

§ 4.

Ceux de nos guerriers, acteurs ou témoins de cette grande bataille, qui survivent encore aujourd'hui, se rappellent leur élan de joie et d'admiration à la vue de cette infanterie qui se présentait comme un mur d'airain devant les pas de la garde russe. A sa droite, à sa gauche et par ses intervalles, on vit s'écouler en tumulte la foule des soldats de Bisson, entraînant avec elle et à pied ce général, connu dans l'armée par sa forte stature et son courage. Des voix crient que le maréchal Ney a péri, qu'on l'a vu tomber. L'aigle d'un de ses régiments, pour échapper au danger d'être pris, se réfugie à la hâte dans les rangs de Dupont (1), et tous, d'un pas rapide, marchent à la vengeance.

Il était temps, car déjà à la poursuite des fuyards encore épars devant eux, quelques cavaliers russes entraient dans la batterie de Dupont, et l'un des officiers avait le plumet coupé d'un coup de sabre. « Tirez! » crie le capitaine Ricci (2) à ses canonniers.

Ses décharges à mitraille et le feu roulant de notre mousqueterie couvrirent la plaine d'un voile de feux et de fumée, à travers lequel on distinguait les blessés russes tombant en foule et se roulant à terre. Plus à droite, les dragons de Latour-Maubourg avec la cavalerie légère s'étaient élancés rapidement, le sabre à la main, et refoulaient par devant l'ennemi, tandis qu'en arrière de lui, trois à quatre régiments d'infanterie du maréchal Ney, restés fermes aux deux extrémités de sa ligne, et formés en carrés comme autant de forteresses, lançaient sur ses flancs tous leurs feux (3). En peu d'instants, la scène fut complétement changée. Les Russes, pressés d'ailleurs par les charges de la division Dupont, reculèrent précipitamment, et repassant par la large trouée qu'ils s'étaient ouverte, abandonnèrent le terrain tout-à-l'heure occupé par eux, derrière la ligne enfoncée du maréchal Ney.

(1) Ce fut le 32ᵉ régiment qui le recueillit. Il était commandé par le colonel Aymard, aujourd'hui lieutenant-général, commandant à Lyon la 7ᵉ division militaire.

(2) Aujourd'hui maréchal-de-camp. Rue Saint-Dominique, hôtel des Colonies.

(3) Le duc de Rovigo dit dans ses Mémoires (t. III) que les troupes de Ney qui étaient ramenées, « auraient entraîné infailliblement le reste de

§ 5.

L'arme de l'artillerie conserve encore aujourd'hui avec orgueil le souvenir de l'habileté avec laquelle Sénarmont dirigea celle du 1er corps. Quand ce général arriva sur le terrain où était en jeu la batterie de la division Dupont, des sous-officiers mettaient pied à terre et attelaient leurs chevaux aux pièces, afin de remplacer ceux qui étaient déjà blessés. « *A merveille!* dit-il en remarquant l'adresse et le calme intrépide des canonniers; *c'est manœuvrer comme au polygone. — Oui, mon général,* répondit le capitaine; *mais voyez combien de pièces ont les Russes, à droite et vis-à-vis de nous! — Tenez bon, vous allez avoir du renfort.* » Et aussitôt Sénarmont galopa vers le général Victor, qui depuis quelques jours commandait le 1er corps d'armée. Tous deux sentaient qu'il ne fallait pas s'amuser à éparpiller les pièces en petites batteries, mais qu'il convenait de les réunir en masse, afin de briser en peu de temps, par un puissant effort, la partie, pour nous, la plus importante de la ligne ennemie. — « *Vous allez voir, mon général,* » répondit Sénarmont en remettant sur sa tête le chapeau qu'il tenait à la main. Puis, il partit comme un trait.

» ce corps d'armée, si la première division du corps de Victor, commandée
» par le général Dupont, n'eût fait fort à propos un changement de direc-
» tion en inclinant à droite, et n'eût chargé rudement tout ce qui pour-
» suivait le maréchal Ney. » Il ajoute : « J'ai entendu l'empereur louer
» d'une manière toute particulière ce mouvement du général Dupont, et
» dire hautement qu'il avait beaucoup avancé la bataille. Le maréchal Ney
» arrêta ses troupes, les reforma et attaqua de nouveau si rapidement, que
» l'on s'aperçut à peine de son accident. »

Un instant, des généraux de division firent difficulté de se démunir de tous leurs canons; mais il fallut céder. L'injonction leur fut répétée d'une manière impérative. Sénarmont forma deux batteries de quinze pièces chacune, avec six bouches à feu en réserve (1), et ce formidable train d'artillerie, roulant à grand bruit, vint avec toute la vitesse des chevaux déboucher de deux côtés sur le revers opposé du mamelon qui abritait trois divisions du 1er corps, ainsi que nous l'avons déjà vu.

Les Russes furent surpris par cette réunion subite. En vain ils ripostaient avec les batteries partielles dispersées sur toute leur ligne; quelques minutes nous suffisaient pour faire converger sur un point un déluge de mitraille. Si c'était une batterie, en peu d'instants ses chevaux se trouvaient abattus; ses trains fracassés volaient en éclats, et ses feux affaiblis s'éteignaient. Ainsi furent contre-battues celles qui de l'autre côté de l'Alle avaient fait dans nos rangs de si cruels ravages. Puis, on plongeait au milieu des troupes russes qui s'amassaient vers le défilé en avant de Friedland; enfin, par une troisième direction, en tirant sur un mamelon de l'autre côté du ruisseau, nous prenions d'écharpe leur centre. La destruction était affreuse.

« Cette artillerie s'était rapidement portée, pour pre-
»mière position, à deux cents toises de l'ennemi. Après
»cinq ou six salves, elle s'en approcha à cent toises,
»et commença un feu roulant qui fut poussé avec la
»dernière vivacité. » (P. 11.)

(1) Précis des opérations du 1er corps depuis le 5 juin (p. 10 et 11): M. le maréchal Victor me l'a confié. M. le maréchal Maison, alors son chef d'état-major, m'a dit y avoir travaillé.

§ 6.

Napoléon avait suivi avec la plus vive attention toutes les phases de ce furieux combat, et depuis quelques moments s'était porté auprès du premier corps. Allait-il précipiter sur l'ennemi les réserves ménagées par sa prudence ? Ici quinze mille hommes étaient tous prêts sous sa main, et plus loin en arrière, vers le centre, sa garde entière était intacte encore. Dans cette attente, l'état-major l'observait avec un silence respectueux.

Mais Napoléon maintint l'ordre déjà donné, afin que ces divisions pussent au besoin servir également de réserve à Lannes et même à Mortier ; car il savait combien ces deux corps avaient souffert dans les combats du matin. Craignant même que Sénarmont ne se compromît, il envoya son aide-de-camp Mouton reconnaître pourquoi il s'aventurait aussi loin. — « Laissez-moi faire avec mes canonniers, répondit ce général emporté par son ardeur ; je réponds de tout. » Cependant Victor avait détaché pour le soutenir de plus près les quatre régiments de dragons de Lahoussaye qui se rangeaient à sa gauche, et un bataillon de la brigade du général Freyre (1). Quand Mouton revint, Napoléon avait déjà jugé l'effet de la batterie, et dit en souriant : « *Ce sont de mauvaises têtes. Laissons-les faire.* » Puis il continua d'observer. Peu d'instants après, un obus vint friser les baïonnettes des derniers rangs de la division Lapisse, et quelques soldats se baissèrent par un mouvement

---

(1) La brigade Durosnel, qui venait d'arriver des environs de Bartenstein, appuyait avec 1,000 à 1,200 chevaux la division Dupont.

involontaire. — « *Tu t'enfoncerais dans une cave, que l'obus ne t'atteindrait pas moins, s'il t'était destiné,* » dit à haute voix l'empereur en regardant l'un d'eux. A ces mots, tout le monde autour de lui demeura pétrifié. On aurait entendu remuer une fourmi ; car les soldats retenaient leur souffle, et dans leur immobilité ressemblaient à autant de statues. On eût dit que ces braves gens se sentaient solidaires de ce qu'un d'eux avait eu peur tandis que Napoléon regardait le régiment. Il s'en aperçut, et quelques pas plus loin demanda à l'un des fantassins sa gourde, dont il avala plusieurs gorgées. « *Diable, de l'eau-de-vie de France!* dit-il gaiement en la lui rendant. *On t'a traité en grand seigneur.* » La gaieté de la remarque indiquait son intention. Les soldats ne s'y méprirent pas, et le témoignèrent avec leur enthousiasme habituel pour lui (1). Bientôt il retourna vers le centre, car sa présence y devenait nécessaire, et un grand effort des Russes vers Heinrichsdorf, devenu la proie des flammes, l'obligea à faire marcher sa garde, qui cependant ne fut pas engagée. Quant à son aile droite, il la laissait en voie de succès.

§ 7.

En effet, la ligne de Bagration commençait à fléchir de nouveau, et sa position allait devenir des plus critiques ; car, touchant presque à l'Alle par l'extrémité de sa gauche, il ne pouvait reculer davantage dans cette direction sans que celle-ci fût bientôt jetée dans la ri-

---

(1) Détails donnés par M. le maréchal Maison et d'autres généraux du corps.

vière. Il la replia donc insensiblement en potence derrière l'autre moitié de sa ligne, et nous fit face par deux côtés dont la rencontre formait un angle saillant dans la plaine, et qui appuyaient leurs deux autres extrémités d'une part à l'Alle, de l'autre au ruisseau du moulin, disposition qui empêchait de les tourner. Mais ses troupes entassées commençaient à perdre la liberté de leurs mouvements. Le front de leur mousqueterie, réduit de moitié, était pour nous moins dangereux, tandis que nos coups allaient devenir des plus meurtriers sur cette masse épaisse, prise d'écharpe par deux côtés.

A notre extrême droite, Marchand, après une demi-heure d'efforts, avait rallié une partie de ses régiments et les poussait au combat. L'intrépide maréchal Ney s'était multiplié avec cette prodigieuse activité qui lui faisait mettre en une heure un cheval sur les dents; sa bouillante énergie avait quelque chose d'effrayant, quand on regardait l'écume ruisselant des deux côtés de sa bouche. A sa gauche, Dupont s'approchait après avoir fait plier la garde russe devant ses baïonnettes. Ainsi réunies, les forces de notre aile droite s'avançaient, irrésistibles comme l'Océan, quand, poussé par la tempête, il couvre et fait devant lui reculer ses rivages.

Bientôt Sénarmont, afin de précipiter la retraite des Russes, poussa audacieusement ses deux batteries réunies en une seule jusqu'à soixante toises de leur front. Leurs pièces étaient égales en nombre aux nôtres, et plusieurs nous prenaient d'écharpe; néanmoins, il ordonna de ne plus tirer sur elles. Plus de boulets, dès ce moment; c'est avec la mitraille qu'il plonge au sein des masses ennemies. Elles s'éclaircissaient déchirées, tombaient, puis se retiraient, remplacées par d'autres qui venaient s'offrir en sacrifice avec cette constance héroïque que la discipline a su leur donner. A ce spectacle, on était ému d'horreur et d'admiration tout ensemble !

Leur cavalerie bondissait, frémissant de rage à la vue de cette batterie funeste ; enfin elle s'ébranla pour la charger. Mais aussitôt Sénarmont, faisant changer de front à ses pièces, en dirigea le feu tout entier sur elle. On la vit tomber brisée, broyée par la mitraille. Après deux décharges, elle disparut (1). Puis, les deux fronts que nous opposait Bagration se rompirent comme les flancs d'une montagne qui s'affaisse et s'abîme sous les déchirements convulsifs d'un tremblement de terre. L'un fut jeté à gauche dans le ravin du ruisseau ; l'autre engouffré dans l'avenue d'Eylau, en avant de Friedland (2).

§ 8.

Qu'il est glorieux le triomphe obtenu sur des troupes aussi braves ! Ney serrait avec enthousiasme la main de Dupont, et sur ce terrain jonché des cadavres de la garde russe, le félicitait du coup décisif qu'ensemble ils venaient de frapper. Mais déjà les balles recommençaient à siffler, et son cheval était atteint. De l'autre côté du ruisseau, les Russes reformaient une ligne nouvelle adossée à leur centre. La division Dupont se

---

(1) Durant les trois heures que l'artillerie de ce corps fut engagée, elle tira trois mille six cents coups de canon, dont quatre cents coups à mitraille. (Victor, *Précis*.)

(2) Voir les relations de Both, Plotho, Matthieu Dumas, Jomini.

déploya contre elle, et de l'autre bord continua vivement son feu.

Dans l'avenue d'Eylau, l'autre partie de l'aile de Bagration, pressée par les troupes de Ney, et resserrée dans un espace étroit par l'Alle et par l'étang, ne pouvait plus nous opposer qu'un front de quelques bataillons. Derrière eux, le reste, entassé en masse épaisse et profonde, voyait chacun de nos boulets lui enlever de longues files, et recevait la mort sans pouvoir la rendre. Ce n'était pas tout : vers notre extrême droite, et sur les bords de l'Alle, des obusiers en batterie lançaient jusque derrière eux leurs projectiles sur les maisons voisines des ponts, et allaient les livrer bientôt à l'incendie. Enfin, la division Dupont avait franchi le ruisseau du moulin, s'approchait de Friedland, et menaçait de prendre à revers cette unique voie de retraite qui leur restât encore. Un bataillon de son 9ᵉ léger, jeté d'abord par Ney en tirailleur dans le ravin du ruisseau du moulin, s'était laissé emporter, dans son ardeur, au-delà du dernier pli qui l'abritait, et avait poussé jusqu'auprès du mamelon du moulin, tuant de ses balles les canonniers russes qui prenaient d'écharpe le corps de Ney (1). Pour soutenir ces tirailleurs, le 32ᵉ et le 96ᵉ régiment n'avaient pas tardé à faire aussi passer des bataillons de l'autre côté du ravin. Tandis que de ce côté ils reployaient les Russes, le 24ᵉ régiment (2), se coulant à la gauche de l'étang, et favorisé par l'enfoncement du terrain, s'était approché, presque sans

---

(1) Voir le lieutenant-général Meunier, aujourd'hui en retraite, boulevard du Temple, 33. Il commandait le régiment.

(2) Voir le général Gazon, celui qui revint d'Ancône. Il était alors eune officier dans ce régiment, et commande aujourd'hui le département de Eure.

perte, de la porte de Friedland, par la route de Kœnigsberg.

Dans sa *Vie militaire de Napoléon* (t. II, p. 418-419, chez Anselin, à Paris), Jomini, aujourd'hui général en chef en Russie, nous a représenté Benningsen « au » désespoir de la position critique où il avait jeté son » armée, faisant de vains efforts pour rallier de l'autre » côté quelque réserve et les débris de sa gauche et pour » leur faire repasser cette rivière offensivement, sous » la protection de 120 pièces de réserve disposées en » amont. »

Tous les moyens avaient échoué. Bagration, afin de sauver à temps son artillerie, se hâtait de la faire repasser sur la rive droite. Les débris de ses bataillons abîmés la suivaient, tandis qu'en avant de la ville une dernière arrière-garde tentait d'arrêter encore quelques instants l'attaque de Ney et de Marchand, qui s'avançaient à grands pas dans l'avenue d'Eylau. Cette dernière ligne reculait, harcelée, assaillie vivement par les décharges de nos tirailleurs qu'animait la victoire, quand les cartouches commencèrent à leur manquer. « Des munitions, des munitions !... » criaient-ils en revenant en foule. Le 59ᵉ régiment, alors un peu à gauche en arrière, avait encore vingt-cinq à trente cartouches par giberne, Ney lui donna ordre de s'avancer au pas de charge sur Friedland. Aussitôt son colonel, d'Alton, le forma en colonnes par divisions. Tandis qu'il marchait, un obus, éclatant dans le premier peloton, atteignit sept ou huit hommes et brisa des caisses. Mais un seul tambour, resté debout, saisit celle d'un camarade tué, et continua de battre la charge sans que le régiment s'arrêtât. La ligne russe, déjà fort éclaircie par notre feu, ne voulut pas attendre son choc, et il entra dans Friedland avec les autres troupes qui s'empressaient, jalouses d'arriver aussi des premières. Peu de résistance leur fut faite dans les rues, et elles se hâtèrent de descendre vers la rivière. Là, des batteries disposées de l'autre côté les arrêtèrent. Le feu avait été mis aux matières combustibles disposées à l'avance sur les ponts, et les flammes, s'élevant en tourbillons dans les airs, annonçaient leur destruction. On ne tarda pas à voir flotter à la surface de l'eau les outres qui les avaient en partie soutenus (1).

§ 9.

Enfin la clef du champ de bataille était arrachée des mains de Benningsen et de Bagration ; ils ne pouvaient plus songer même à la disputer. Le major-général Berthier vint s'en assurer par ses yeux ; car Napoléon, au centre, attendait son rapport pour accabler l'aile droite des Russes à son tour. Depuis long-temps il tenait ses regards attachés sur cette proie, l'attirant par l'appât d'un succès, et prêt à fondre sur elle à l'instant où elle ne pourrait plus échapper.

(1) Voir la notice sur la bataille de Friedland envoyée au ministre de la guerre par le lieutenant-général d'Alton, et dont le double, manuscrit, m'a été remis. — Voir le lieutenant-général, comte Marchand, pair de France, à Grenoble. — Voir le lieutenant-général Saint-Michel, rue de Lille, 50. Il était alors son aide-de-camp.

« L'ennemi a laissé plus de *six mille morts* sur le champ de bataille, » écrivait le lendemain le maréchal Ney dans son rapport à l'empereur. » Nous n'avons pris que 20 pièces de canon et un parc d'artillerie. Fried-» land est encombré des blessés de l'ennemi. La hauteur, en arrière de » cette ville, sur la rive droite de l'Alle, ressemble à un champ de bataille » par la quantité de morts et de blessés qu'il y a abandonnés. » (T. xxxiv, p. 39, pièces autographes pour 1806 et 1807 au dépôt de la guerre.)

Mais disons en peu de mots ce qui s'était passé à la droite des Russes, durant la furieuse attaque de Ney et de Dupont contre leur gauche et Friedland.

Nous l'avons vue au commencement, sous Gortschakof, avec ses trois divisions et plus de 150 escadrons (à peu près 42,000 hommes), sur une ligne d'environ trois quarts de lieue, le long de l'Alle. Confiante dans sa nombreuse cavalerie et surtout dans ses agiles Cosaques, elle s'était étendue bien au-delà et avait poussé des corps en avant de Ditrichswald, comme si elle eût voulu tourner la cavalerie de Grouchy, qu'elle chargeait à la gauche d'Heinrichsdorf, tandis que pour soutenir cette attaque, son artillerie avait incendié ce dernier village (Magazin des Kriegs. Erstes heft. Die schlacht bey Friedland. Leipzick, 1807, bey Gerhard Fleischer. Relation attribuée à un général du corps auxiliaire saxon). Sans doute, si Napoléon eût aussitôt voulu mettre en action ses réserves, il lui eût été facile de refouler la droite des Russes aussi bien et en même temps que leur gauche ; mais tel n'était pas son dessein. Nous l'avons vu se refuser à précipiter le succès à sa droite, en faisant donner les réserves quand il était auprès de Victor. Il y a quelque raison de croire, que les diverses parties de l'armée russe lui parurent encore trop liées entre elles, et pouvant se soutenir pour le succès comme pour la retraite. Mieux lui convenait de tenir Gortschakof en échec, et mieux encore de l'éloigner de Bagration en l'attirant vers Heinrichsdorf. De là cette immobilité d'une partie de nos troupes qui fit murmurer dans la division Dupont, où l'on n'en pouvait alors pénétrer la cause.

Aveuglé par son avantage d'un instant, Gortschakof donna dans le piège. Peu avant la retraite de l'aile gauche des Russes avec Bagration sur Friedland, il avait essayé d'avancer avec leur centre, et de repousser les corps des maréchaux Lannes et Mortier, tandis que près d'Heinrichsdorf sa cavalerie faisait une nouvelle attaque sur la nôtre, qui fut même repoussée. (Magazin des, etc., brochure citée tout-à-l'heure.)

Imprudent qu'enorgueillisait peut-être ce succès d'un instant! Il ne tarda pas à voir sa courte illusion s'évanouir; car Napoléon arriva lui-même avec la cavalerie de sa garde et son infanterie en colonne (ibid.). Tandis que devant ces forces Gortschakof se repliait ébranlé, derrière lui, à sa gauche, la ville de Friedland était tombée entre nos mains. Plus de ponts pour sa retraite : ils étaient la proie des flammes. De ce côté, Ney et Dupont lui barraient le chemin, et leurs batteries le prenaient en flanc, tandis que celles de Lannes, de Mortier et de Grouchy le foudroyaient des autres côtés. Toutes ensemble formaient autour de lui un demi-cercle de feux dont il occupait le centre. Engouffré ainsi entre l'Alle, l'étang et ces corps d'armée menaçants, il semblait voué à la destruction, s'il ne mettait bas les armes!

Ce fut dans cette position désespérée que se montra dans son éclat le courage inébranlable et la puissante organisation de l'armée russe. Ne voyant plus d'autre issue que la rivière, ces braves tinrent ferme afin de donner à leur matériel le temps de s'écouler par le gué de Kloschenen. La nuit tombait, et les troupes de Dupont, faisant face au ravin, entendaient rouler de loin cet immense matériel, et ne cessaient de tirer. Les dragons de La Houssaye avaient passé sur la gauche de ce ravin, et l'on voyait ses 18e et 19e régiments, en colonnes par escadrons, fondre par des charges redoublées sur les carrés russes qui attendaient dans cette formation une destruction presque inévitable, car dans les intervalles des charges de cavalerie notre artillerie ne cessait de les démolir. Enfin l'empereur ordonna de les aborder à la mousqueterie et à la baïonnette. Autour d'eux, toute notre ligne s'ébranla d'un mouvement général. Ce fut le coup de grâce, car les masses russes étaient tellement décomposées, qu'elles ne pouvaient plus opposer de résistance. Elles s'enfuirent vers l'Alle, et s'y précipitèrent pêle-mêle où elles purent, car déjà le gué était encombré par les bagages. « Quand » j'arrivai sur les bords de la rivière, m'a plus d'une » fois raconté le maréchal Oudinot, une foule innom- » brable s'y débattait, sans pouvoir en sortir. Dans l'é- » tendue d'une demi-lieue, elle fut ainsi comblée de » cadavres, et les eaux arrêtées débordaient de son lit. »

§ 10.

Toute l'infanterie de Gortschakof ne fut cependant pas enveloppée dans ce désastre. La division Lambert (voyez Both), placée à l'extrémité de sa ligne et rapprochée du détour que fait l'Alle en se dirigeant à l'est, put se retirer par sa rive gauche, en suivant la route d'Allenbourg à Vehlau. La cavalerie des Russes était d'ailleurs beaucoup plus nombreuse que la nôtre; aussi la gauche de Mortier, et même son corps entier, n'avança-t-il que peu au-delà d'Heinrichsdorf, et ne poussa pas jusqu'à l'Alle, sans doute par prudence, afin de parer un retour offensif de cette cavalerie si elle cherchait à tourner notre gauche et à y jeter du désordre.

Déjà on commençait à ne plus distinguer les objets

qu'à la lueur douteuse du crépuscule, quand, à travers les intervalles du 8ᵉ corps, on vit passer plusieurs régiments de cavalerie : — « Ce sont les dragons d'Arrighi appartenant à la garde, et les cuirassiers saxons qui vont à la poursuite, » dit-on dans les rangs. Bientôt, dans la direction par où se retiraient les Russes, l'horizon parut embrasé de feux : on eût dit un volcan en éruption, tant leur artillerie semblait nombreuse. Notre cavalerie revint. On crut voir quelque désordre, et il y eut un instant d'émotion. Quoi donc, après tant de sang versé, l'ennemi reviendrait à la charge !

« *Allons, Saint-Mars, encore un effort!* » dit le maréchal Lannes à son premier aide-de-camp, depuis plusieurs heures en proie à la fièvre de fatigue. Tous deux ramassant les tambours qui pouvaient encore remuer, s'avancèrent dans l'obscurité, ayant à peine quelques soldats, mais faisant battre la charge. Du côté des Russes, ce n'était qu'un simulacre afin de ralentir notre poursuite. Au roulement de nos tambours, un coup de canon répondit dans l'éloignement, mais ce fut le dernier; puis insensiblement s'éteignit le murmure confus de tant de voix et de mouvements.

Nous avions pris aux Russes 80 canons, une multitude de caissons et plusieurs drapeaux. Leur perte en hommes était énorme, car le tiers environ de leur armée était étendu là : leurs blessés gisaient avec un courage de résignation qui excitait la surprise et presque le respect. Les uns, dénués de secours et de nourriture, attendaient la mort sans plainte ni murmure; d'autres, à l'aide d'un couteau, coupaient eux-mêmes le dernier tendon par lequel tenait encore leur jambe ou leur bras cassé. Plusieurs fumaient avec une insensibilité stoïque. On eût dit que pour ces corps du septentrion une organisation plus rude ne laissait pas de prise à la douleur. Quels hommes ! Mais que penser des Français qui les avaient vaincus ! Nos troupes n'avaient cependant pas toutes combattu. Deux divisions du 1er corps et la garde impériale tout entière, à l'exception des fusiliers et des dragons, étaient restés en réserve. Que fût-il donc arrivé, si la nuit survenant n'eût pas empêché de les faire donner pour rendre la victoire plus complète encore?

Note sur l'évaluation des pertes faites par les deux armées à Friedland.

PERTES DES RUSSES.

MORTS.	BLESSÉS.	CANONS.	DRAPEAUX.	AUTORITÉS.
10,000	15,000	80	Plusieurs.	Matthieu Dumas, t. xviii, p. 21.
11,200	7,000	10	»	Major Both, (de 6 à 8,000).
18,000	»	»	»	D'après les deux rapports combinés de Lannes et de Ney.
15 à 18,000 »	»	»	»	79ᵉ bulletin de la grande armée.
20,000 h. hors de combat d'après Jomini. (Hist. de Napoléon, t. ii, c. x, p. 421.)				

PERTES DES FRANÇAIS.

1,500	4,000	»	»	Matthieu Dumas.
5,600	7,000	»	»	Major Both.
500	3,000	»	»	79ᵉ bulletin de la grande armée.
1,397	9,242	»	»	D'après un relevé approximatif des états de pertes que j'ai vus à notre dépôt de la guerre (1).

(1) Ces pertes sont ainsi distribuées :

473	3,248	Corps du maréchal Lannes. (D'après son rapport du 23 juin à l'empereur, 3,400.)
218	2,352	8ᵉ corps, maréchal Mortier. D'après son rapport du 15.
281	2,382	6ᵉ corps, maréchal Ney et division Latour-Maubourg.
131	796	1ᵉʳ corps et division Lahoussaye.
166	234	Division Grouchy (et vraisemblablement les deux brigades Beaumont et Frésia). D'après son rapport à l'empereur le 15.
128	230	Division Nansouty. D'après le relevé du général chef d'état-major de la réserve, Belliard.
1,397	9,242	

Voici les états détaillés par corps et par régiments.

DE FRIEDLAND.

GRANDE ARMÉE.
Corps de réserve.

État sommaire des pertes faites par le corps d'armée pendant la bataille du 14 juin, et dont le détail suit.

DÉSIGNATION des CORPS ET RÉGIMENTS.	PERTES FAITES EN						Total des pertes.	OBSERVATIONS
	Morts.		Blessés.		Disparus.			
	Officiers.	Sous offic. et sold.	Officiers	Sous offic. et sold.	Officiers	Sous offic. et sold.		
Grenad. et voltig. réunis	11	208	68	1256	2	353	1898	Le gén. de brig. Cohorn blessé.
9e régim. de hussards	1	4	3	39	3	33	83	
2e régim. d'inf. légère	1	11	12	182	»	»	206	
12e régim. id.	»	19	9	275	»	»	303	
3e régim. de ligne	»	85	21	635	»	»	741	
72e régim. id.	3	93	23	496	»	»	615	M. le colonel Ficatier blessé.
Infanterie saxonne	1	12	12	74	»	»	99	
Cuirassiers saxons	»	10	5	52	»	»	67	
Chevau-légers id.	1	3	1	12	»	6	23	
1re divis. Artill. et train.	»	8	1	43	»	»	52	
2e divis. id. id.	»	2	3	26	»	»	31	Nota. M. le général de division Hrouet, chef de l'ét.-major gén., a été blessé.
	18	455	158	3090	5	392	4118	

(a) Je n'avais pu me procurer encore cet état authentique, quand j'ai imprimé, plus haut, que la division Oudinot avait été plus maltraitée que la division Dupas.

Certifié conforme aux états remis par les corps.
Au quartier-général, le 18 juin 1807,
L'adjudant commandant, GUICHARD.

Voici ce que ce corps venait de perdre à la bataille de Heilsberg.

CORPS DE RÉSERVE.
Grande armée.
Maréchal LANNES.

État sommaire, par régiments et par corps, des pertes dans les journées des 10 et 11 juin 1807.

2e rég d'infant. légère	»	11	11	235	»	»	257	
12e régim. id.	10	205	25	544	»	»	784	
3e rég d'inf. de ligne	5	29	27	699	1	187	963	
72e régim. id.	»	2	»	»	2	28	32	
9e régim. de hussards	»	»	»	6	»	»	6	
Cuirassiers saxons	»	2	»	15	»	»	17	
Artillerie et train.	»	2	»	8	»	»	10	
	15	249	65	1607	3	215	2069	

Certifié conforme aux états remis par les chefs de corps, par nous, général de division, chef de l'état-major.

Au camp, le 12 juin 1807.

DROUET.

HUITIÈME CORPS. — MARÉCHAL MORTIER.

État des pertes le 14 juin 1807, à la bataille de Friedland.

DÉSIGNATION des RÉGIMENTS.	BLESSÉS.		MORTS.	
	Officiers.	Troupes.	Officiers.	Troupes.
État-major général........	1	»	»	»
État-major de la 1re division.	3	»	»	»
— de la division polonaise.	2 (a)	»	»	»
— de la div. de cavalerie..	1	»	»	»
	4	»	»	»
1re DIV. LIEUT.-GÉNÉRAL DUPAS.				
4e rég. d'infanterie légère..	23	415	1	25
15e régiment de ligne......	32	912(b)	8	»
58e id. id..........	18	527	3	39
Garde de Paris............	5	200	1	37
	78	2054	13	101
DIV. POLONAISE. GÉN. DABROWSKY.				
2e régiment d'infanterie...	2	5	»	6
3e id.	1	20	»	8
4e id.	»	10	1	6
	3	35	1	20
DRAG. BATAVES. BRIGADE FRÉSIA.				
1er régiment de cavalerie...	4	131	»	60
2e id.............	1	19	»	11
2e rég. de cuirassiers holland.	1	1	»	»
	6	151	»	71
Artillerie française.......	»	5	»	3
— hollandaise.....	»	5	»	3
— polonaise......	1	7	»	6
TOTAL.............	95	2,257	14	204

(a) Dont le général Dabrowski.
(b) Dans les 912 hommes portés blessés au 15e régiment, se trouvent les morts dont on n'a pu donner le nombre exact.

Certifié conforme aux états particuliers des divisions.
Au quartier général, au bivouac près Friedland, le 15 juin 1807.

Le général, chef d'état-major général du 8e corps,

GODINOT.

DE FRIEDLAND.
SIXIÈME CORPS. (1) — MARÉCHAL NEY.

DÉSIGNATION des RÉGIMENTS.	TUÉS. Officiers.	TUÉS. Soldats.	BLESSÉS. Officiers.	BLESSÉS. Soldats.	CHEVAUX tués.
1re DIV. GÉN. MARCHAND.					
6e infanterie légère..	2	40	15	238	»
(a) 69e de ligne.....	1	23	13	211	»
39e de ligne........	2	33	11	309	»
(b) 76e de ligne.....	1	10	8	378	»
(c) 31e léger........	2	28	9	242	»
TOTAL........	8	134	56	1378	»
2e DIV. GÉNÉRAL BISSON.					
(d) 25e léger.......	1	16	15	207	»
27e de ligne.......	»	32	11	290	»
50e de ligne.......	2	27	3	161	»
59e de ligne.......	2	12	6	101	»
TOTAL........	5	87	35	759	»
CAVALERIE LÉGÈRE.					
3e hussards........	»	»	»	3	»
10e chasseurs.......	»	»	»	1	»
15e chasseurs.......	»	1	»	4	»
TOTAL........	»	1	»	8	»
DIVISION DE DRAGONS. LATOUR-MAUBOURG.					
1er...............	»	1	»	»	17
2e...............	»	1	»	»	13
(e) 4e.............	»	23	3	62	78
(f) 14e............	»	11	5	36	45
20e...............	»	»	»	22	30
26e...............	»	1	1	1	12
TOTAL........	»	37	9	121	195
4e bataill. de sapeurs.	»	»	»	»	»
ARTILL. 2e rég. à cheval.	»	»	»	1	7
— 1er — à pied..	»	2	»	9	»
3e bataillon du train..	»	6	»	1	11
5e (bis.)............	»	»	»	2	3
Artillerie des dragons.	»	1	1	1	4
Train..............	»	»	1	»	»
TOTAL.......	»	9	2	14	25
TOTAL GÉNÉRAL.....	13	258	102	2280	220

Certifié conforme aux états fournis par les corps.
L'adjudant-commandant, BÉCHET.

(1) Non compris le général de brigade Brun, blessé; l'adjudant commandant Rousseau, tué; M. François, aide-de-camp du général Maucune, et M. Poirot, aide-de-camp du général Brun, tués. (a) M. Pririon, colonel; Magne et Tardieu, chefs de bataillon, blessés. (b) M. Lajonquière colonel, tué; Zimmer, chef de bataillon, blessé. (c) MM. Méjan, colonel, et Aubert chef de bataillon, blessés. (d) Le major commandant, le chef du 2e bataillon, et le premier adjudant-major, blessés. (e) MM. Perquit et Caille, chefs-d'escadron, blessés. (f) MM. Yalter, chef-d'escadron et Cigara, adjudant-major, blessés. Latour-Maubourg, général de division, blessé.

78   BATAILLE

Voici ce que le corps du maréchal Ney venait de perdre aux affaires de Gutstadt et de Deppen sur la Passarge.

GRANDE ARMÉE.
Sixième corps.

État des hommes tués, blessés, faits prisonniers ou égarés, depuis le 5 juin 1807 jusqu'au 10

NOMS des CORPS.	TUÉS.		BLESSÉS.		Faits prisonn. ou égarés.		CHEVAUX		
	Offic.	Soldats	Offic.	Soldats	Offic.	Soldats	Tués.	Blessés	Pris ou égarés.
Division Marchand.									
6e d'infanterie légère.	3	40	14	236	2	141	»	»	»
69e de ligne.	»	4	5	70	»	60	»	»	»
39e —	»	23	13	184	1	69	»	»	»
76e —	3	3	26	265	»	42	»	»	»
51e d'infanterie légère.	»	24	8	140	1	124	»	»	»
1,507 h.	6	94	66	901	4	436	»	»	»
Division Bisson.									
15e léger.	»	23	8	116	3	180	»	»	»
27e de ligne.	2	46	10	270	4	336	»	»	»
50e —	»	2	4	38	1	55	»	»	»
59e —	2	18	1	47	2	259	»	»	»
1,427 h.	4	89	23	471	10	830	»	»	»
3e régiment de hussards.	»	5	1	4	»	7	4	6	51
10e — de chasseurs.	»	1	2	8	»	2	»	9	»
15e — —	»	»	4	48	7	137	»	»	110
226 h.	»	6	7	60	7	146	4	15	163
1e bataillon de sapeurs.	»	»	»	4	1	33	»	»	»
2e d'artillerie à cheval.	»	»	»	»	»	»	»	»	»
1er — à pied.	»	4	»	10	»	7	»	»	»
1e bataillon du train.	»	2	»	1	»	17	18	»	25
79 h.	»	6	»	15	1	57	18	»	25
Total 3,339	10	214	88	1448	22	1469	22	15	188

État-major-général.

Le général, chef de l'état-major, }
L'adjud.-command., sous-chef de l'état-major, }   Blessés le 5 juin.
Le capitaine-adjoint Chancelle fait prisonnier.
Le chef de bataillon du génie Dufour, tué le 8 juin.

Certifié conforme aux états fournis par les corps.
Au quartier-général à Insterbourg, le 18 juin 1807.

L'adjudant-commandant, BÉCHET.

DE FRIEDLAND.

PREMIER CORPS.

DÉSIGNATION des RÉGIMENTS.	TUÉS.		BLESSÉS.	
	Officiers.	Troupes.	Officiers.	Troupes.
1re DIVISION. GÉNÉRAL DUPONT.				
9e d'infanterie légère.........	1	38	13	373
24e de ligne................	»	3	3	13
32e de ligne................	1	10	5	94
96e de ligne................	»	3	3	89
	2	54	24	569
2e DIVISION. GÉNÉRAL LAPISSE.				
16e infanterie légère.........	»	1	»	5
8e de ligne.................	»	»	1	8
45e de ligne................	»	2	»	5
54e de ligne................	»	1	»	7
	»	4	1	25
3e DIVISION. GÉNÉRAL VILLATTE.				
27e infanterie légère........	»	4	»	16
63e de ligne................	»	2	»	2
94e de ligne................	»	9	2	40
95e de ligne................	»	3	1	8
	»	18	3	66
ARTILLERIE. GÉNÉRAL SÉNARMONT.				
État-major (1).............	1	»	1	»
Artillerie à pied............	»	6	»	15
Artillerie légère............	»	2	2	12
Train d'artillerie...........	»	2	»	15
	1	10	3	42
4e DIV. DE DRAG. (a) GÉN. LAHOUSSAYE.				
18e dragons (b).............	1	25	4	30
19e —...................	2	13	1	19
17e —...................	»	»	»	»
27e —...................	»	1	2	2
Artillerie..................	»	»	»	3
	3	39	7	54
TOTAL.........	6	125	38	756

(1) Colonel Forno.
    (a) Chevaux d'officiers, tués..... 6 | blessés 50.
    — de troupes, tués..... 29 | blessés 15.
    (b) Le 18e régiment de dragons, dans son état particulier, porte : officiers 0 morts, 4 blessés, 1 prisonnier. Sous-officiers et dragons : 5 morts, 34 blessés, 1 prisonnier.
    Chevaux d'offic. tués....... 10 | blessés 4.
    — de troupes, tués....... 80 | blessés 15.

Certifié conforme à l'état du 1er régiment. Bischofswerda, le 1er novembre 1807. L'adjudant commandant,   DROUHOL.

BATAILLE

Pertes à Friedland.

1re DIV. DE GROSSE CAVALERIE, LIEUTt-GÉNAL NANSOUTY a).

DÉSIGNATION des CORPS.	OFFICIERS				S.-officiers et soldats				CHEVAUX						
	Morts				Morts				d'officiers			De troupe			
	Sur le champ de bataille.	Des suites de leurs blessur.	Blessés.	Prisonniers.	Sur le champ de bataille.	Des suites de leurs blessur.	Blessés.	Prisonniers.	Tués.	Blessés.	Pris.	Tués.	Blessés.	Pris.	Morts de fatigue.
1er de carabiniers	»	»	5	2	25	»	30	25	»	»	»	75	108	»	»
2e —	»	»	»	2	16	1	55	»	3	»	»	51	30	»	»
2e de cuirassiers.	»	»	»	2	5	»	18	»	8	4	»	62	10	2	»
9e —	1	»	2	»	13	1	36	»	»	»	»	62	12	»	»
3e —	2	»	»	»	24	»	9	»	9	»	»	94	»	»	»
12e — (b).	6	»	3	»	31	»	47	4	10	2	»	112	16	»	»
2e d'artill. légère, 4e compagnie.	»	»	»	»	3	»	»	»	»	»	»	6	»	»	»
2e divis. (bis) du train, 4e comp.	»	»	»	»	»	»	»	»	»	»	»	»	11	»	»
	9	»	14	5	117	2	216	27	30	6	»	398	187	2	»
			388								625					

Brigade Durosnel.

7e chasseurs.	»	»	»	»	1	»	6	»	»	»	»	»	»	»	»
20e —	»	»	»	»	»	»	»	»	2	»	»	»	»	»	»
22e —	»	»	»	»	»	»	»	»	»	»	»	»	»	»	»
	»	»	»	»	1	»	6	»	2	»	»	»	»	»	»

1re div. de dragons, Latour-Maubourg.

1er régiment.	»	»	»	»	»	»	17	»	3	»	»	12	»	»	6
2e —	»	»	»	»	1	»	2	»	3	»	»	10	6	»	»
4e —	»	»	4	»	18	5	58	»	15	5	»	63	5	»	14
14e —	»	»	4	»	16	»	18	»	4	5	»	62	32	»	95
20e —	»	»	»	»	»	»	7	»	3	»	»	12	13	»	92
16e —	»	»	1	»	1	»	»	»	4	»	»	10	»	»	»
2e rég. d'artiller. à chev., 2e comp.	»	1	»	»	»	»	»	»	»	1	»	»	»	»	»
3e rég. d'artillerie, 1re compagnie.	»	»	»	»	»	»	»	»	»	4	»	2	2	»	»
2e bataill. (bis) du train d'art. 1re c.	»	»	»	»	»	»	»	»	»	»	»	»	»	»	»
(c)	»	1	9	»	36	5	101	2	32	12	1	171	58	1	209

2e div. de dragons, général Grouchy.

3e régiment.	1	»	3	»	13	»	15	»	»	»	»	29	13	15	»
6e —	»	»	»	»	15	1	41	»	5	1	»	61	64	»	»
10e —	»	»	1	»	20	»	20	»	6	»	»	65	11	3	»
11e —	»	»	1	»	48	1	86	»	13	»	»	135	88	18	»
	1	»	5	»	48	1	86	»	13	»	»	135	88	18	»

(a) Un autre état, postérieur au 20 juin, des officiers perdus par cette division à Friedland, porte à 21 le nombre des tués, et à 18 celui des blessés. Ils sont désignés par leur nom. Dans le même état, la 2e division de dragons, celle de Grouchy, 3e, 6e, 10e et 11e régiments, est portée pour 4 officiers tués et 14 blessés à Friedland.

(b) Sur les 47 sous-officiers et cuirassiers blessés, 26 sont rentrés au corps, et sur les 21 restant plusieurs sont morts dans les hôpitaux, d'après les renseignements parvenus indirectement au corps. Sur les 16 chevaux portés blessés, 11 sont morts et les autres sont guéris. On ignore si les 4 hommes prisonniers le sont réellement, on les avait portés tels, parce qu'ils n'ont pas été retrouvés sur le champ de bataille.

(c) Le général Grouchy, dans son rapport à l'empereur, annonce une perte de 400 hommes. Un état général, fourni par le général Belliard, chef d'état-major de la réserve de cavalerie, porte à 4 le nombre de ses officiers tués, et 14 celui de ses blessés à Friedland. Il doit donc y avoir ici omission. Je pense que les brigades Colbert et Fresia sont comprises pour la perte de 400 hommes annoncée en bloc par M. le général Grouchy.

DE FRIEDLAND.

Pour la réserve de cavalerie, voici un autre état :

GRANDE ARMÉE.
Corps de réserve.

État sommaire des officiers, sous-officiers et soldats dudit corps d'armée, tués, blessés ou faits prisonniers de guerre, depuis la rentrée en campagne.

DIV.ns	DÉSIGNATION des RÉGIMENTS.	OFFICIERS.			s. of. et sold.			CHEVAUX					OBSERVATIONS.
								d'off.		de troup.			
		Tués.	Blessés.	Prisonn.	Tués.	Blessés.	Prisonn.	Tués.	Bless.	Tués.	Bless.		
LASALLE.	15e hussards.	»	8	»	7	54	»	»	»	»	»		
	7e —	»	4	»	3	20	»	»	»	»	»		
	5e chasseurs.	2	4	»	15	80	»	»	»	»	»		
	Bavarois.	»	3	»	9	40	4	»	»	»	»	Cette division n'a point
	Vurtembergeo.	»	5	»	23	58	19	»	»	»	»	fait mention dans son état
	11e chasseurs.	1	5	»	5	41	»	»	»	»	»	des chevaux tués ou blessés.
	1er hussards	»	1	1	3	12	1	»	»	»	»	
	13e chasseurs.	»	»	»	3	24	»	»	»	»	»	
	24e —	1	5	»	15	20	»	»	»	»	»	
	7e —	»	5	»	9	44	2	»	»	»	»	
	20e —	»	8	»	5	51	2	»	»	»	»	
	22e —	»	7	»	4	39	»	»	»	»	»	
	Chass. italiens.	7	1	»	76	25	»	»	»	»	»	
	Total..	11	54	1	175	508	28	»	»	»	»	
NANSOUTY.	1er carabiniers	8	5	»	46	55	»	»	»	117	8	Les chevaux d'officiers
	2e —	1	3	»	16	57	»	»	»	75	18	tués dans cette division, au
	2e cuirassiers.	1	2	»	5	19	»	»	»	51	14	nombre de 58, sont com-
	9e —	1	2	»	15	33	»	»	»	55	35	pris dans la colonne des
	3e —	3	2	»	24	58	»	»	»	103	12	chevaux de troupes.
	11e —	7	4	»	35	»	»	»	»	113	33	
	Artillerie.	»	»	»	3	4	»	»	»	27	3	
	Total..	21	18	»	144	206	»	»	»	539	131	
LAT.-MAUBOURG.	1er dragons.	1	6	»	»	»	»	»	»	»	»	
	2e —	»	»	»	»	»	»	»	»	»	»	
	4e —	»	8	»	»	»	»	»	»	»	»	On n'a point reçu l'état
	14e —	»	10	1	»	»	»	»	»	»	»	de cette division.
	20e —	2	3	»	»	»	»	»	»	»	»	
	26e —	»	3	»	»	»	»	»	»	»	»	
	Artillerie.	»	2	»	»	»	»	»	»	»	»	
	Total..	3	32	2	»	»	»	»	»	»	»	
GROUCHY.	3e dragons.	1	3	»	7	25	»	»	»	»	»	
	6e —	»	2	»	13	22	»	»	»	»	»	La perte en chevaux de
	10e —	2	4	»	15	45	»	»	»	»	»	cette division n'a pas été
	11e —	1	5	»	20	38	»	»	»	»	»	fournie.
	Artillerie.	»	»	»	»	»	»	»	»	»	»	
	Total..	4	14	»	55	130	»	»	»	»	»	
LAHOUSSAYE.	17e dragons.	»	3	»	»	19	»	»	»	»	»	
	27e —	»	2	»	1	2	»	»	»	»	»	
	18e —	1	4	»	14	26	1	»	»	»	»	La perte en chevaux de
	19e —	2	1	»	13	19	»	»	»	»	»	cette division n'a point été
	Artillerie.	»	»	»	»	2	»	»	»	»	»	fournie.
	Total..	3	10	»	38	68	1	»	»	»	»	

Je sépare ici les divisions qui n'ont pas donné à Friedland. Des régiments de la division Lasalle, les trois derniers seuls s'y trouvaient, et leur perte y a été insignifiante.

ST-SULPICE.	4e cuirassiers	»	1	»	1	2	»	»	»	16	1	Cette division n'a pas dis-
	5e —	»	»	»	1	»	»	»	»	23	1	tingué dans son état les
	10e —	»	»	»	»	»	»	»	»	18	»	chevaux d'officiers tués ou
	11e —	»	»	»	»	»	»	»	»	12	»	blessés.
	Artillerie.	»	»	»	1	»	»	»	»	2	»	
	Total..	»	1	»	3	2	»	»	»	71	2	
ESPAGNE.	4e cuirassiers.	4	11	»	42	93	»	9	2	108	»	Les divisions Milhaud,
	6e —	2	9	»	18	82	»	10	2	120	63	5e, 8, 9e, 12e, 16e, 21e de
	7e —	1	2	»	9	20	»	9	2	44	»	dragons; et Boussart : 1re,
	8e —	»	5	»	1	42	6	9	»	41	»	22e, 16e, 25e, id., n'avaient
	Artillerie.	»	»	1	1	3	»	»	»	4	»	pas encore fourni d'état,
	Total..	7	27	1	71	240	6	37	2	317	63	ce qui est indifférent aux
	TOTAL GÉNÉRAL.	49	156	4	486	1154	37	37	2	927	196	pertes de Friedland.

Au quartier général, à Tilsitt le 22 juin 1807.

Le général de division, chef de l'état-major général, Aug. BELLIARD.

Il existe au dépôt de la guerre une feuille précieusement conservée. Elle est sans date, ni signature authentique; mais porte le caractère d'une note du cabinet du major-général, établissant pour Napoléon le relevé de nos pertes depuis le 5 juin, époque de la reprise des hostilités, jusqu'au 15, lendemain de la bataille de Friedland. L'identité du chiffre avec celui de l'état fourni par le 8e corps, avec celui même du 1er et du 9e, si on défalque de l'un les pertes de la division Lahoussaye portées ici à la réserve de cavalerie, et, de l'autre, les pertes essuyées par Ney aux affaires de Gustadt et de Deppen, en est pour moi la preuve. La différence, avec les deux états particuliers des pertes de Lannes, n'est que de 100 hommes. Voici cet état.

NOMS DES CORPS.	TUÉS.	BLESSÉS.	PRISONN.
Garde impériale	27	342	»
Victor, 1er corps.	89	733	»
Davoust, 3e corps.	17	102	13
Soult, 4e corps.	889	7164	233
Ney, 6e corps.	505	3918	1514
Mortier, 8e corps.	218	2352	»
Lannes, réserve d'infant.	737	4920	630
Murat, réserve de caval..	529	1275	36
Total.	3011	20806	2426

Et environ 1188 chevaux de cavalerie.

Tués. Blessés. Prisonn.
En défalquant 1639 11698 2371 { pour les pertes essuyées à Gustadt, Heppen Heilsberg et devant Kœnigsberg, par les corps de Ney, de Soult, de Lannes, de Davoust, de Murat, et par la garde.

On obtient 1372 9108 55 { pour nos pertes à Friedland, ce qui diffère si peu du résultat donné par celui des autres états, qu'on peut presque les considérer comme se servant l'un à l'autre de preuve.

Voici le chiffre de ces pertes :

NOMS DES CORPS.	TUÉS.	BLESS.	PRISONN.	OBSERVATIONS.
Garde impériale (1).	27	542	»	Heilsberg, Fusiliers.
Davoust, 3ᵉ corps...	17	102	13	
Soult, 4ᵉ corps.....	889	7164	233	Heilsberg.
Ney, 6ᵉ corps......	224	1536	1491	Gustadt. Deppen.
Lannes. réserve d'inf.	337	1920	630	Heilsberg.
Murat, rés. de caval.	145	634	4	
Total.........	1639	11698	2371	

(1) GARDE IMPÉRIALE. — BRIGADE DE FUSILIERS.

Pertes le 10 juin 1807, à Heilsberg.

MORTS.		BLESSÉS.	
Officiers.	Sous-offic., soldats.	Officiers.	Sous-officiers, soldats.
2	25	18	324

Certifié, colonel Curial.

ERRATA.

Pag. Lig.
17, 19, 20, 25; lignes 1, 15, 14, 5 : Georgen*eau*, lisez Georgen*au*.
18 3. *Au lieu de* : d'Oudinot, pour qu'elle ne fût pas débordée par l'ennemi supérieur en nombre ; *lisez* : d'Oudinot ; de peur qu'elle ne fût débordée par l'ennemi supérieur en nombre,
19 15. *Au lieu de* : garde, *lisez* : avant-garde.
21 1. *Au lieu de* : l'autre brigade Carrié, *lisez* : l'autre brigade, Carrié.
22 21. *Au lieu de* : abordés, *lisez* : abordé.
23 2. *Au lieu de* : décharges.... que, *lisez* : décharges.... des pièces que.
24 notes 3 et 4. *Au lieu de* : Plothe, *lisez* : Plotho.
— — Tagesbuc, *lisez* : Tagesbuch ;
— — wahrend, — wæhrend ;
— — es, — des ;
— — geschichte, — geschichte ;
— — auf marsch, — aufmarsch ;
— — de, — der ;
— — (Ruf.), — (Rus.) ;
— — gegere, — gegen ;
— — neunt, — neun ;
— — mollendet, — vollendet.
28 12. *Au lieu de* : la division Oudinot fut la plus maltraitée. — Voyez pour rectification, les tableaux des pages 75 et 76.
32 32. *Au lieu de* : Gerveysan, *lisez* : Gesveyesau.
42 27. *Au lieu de* : 99e bulletin, *lisez* : 79e bulletin.
46 15. *Au lieu de* : suffirent pour entrer dans cette ville, *lisez* : suffisent pour garder cette ville.
49 55. *mai* (à supprimer).
55 28. *Au lieu de* : plus de neuf, *lisez* : près de, etc.
66 30, 51, 52. *Au lieu de* : gazon, eune, Eure, *lisez* : gazan, jeune, l'Eure.
76 27. *Au lieu de* : 51, *lisez* : 151.
80. Mettez la 1re ligne à la 7e, dans l'intérieur du tableau.
82 26. *Au lieu de* : Depper, *lisez* : Deppen.

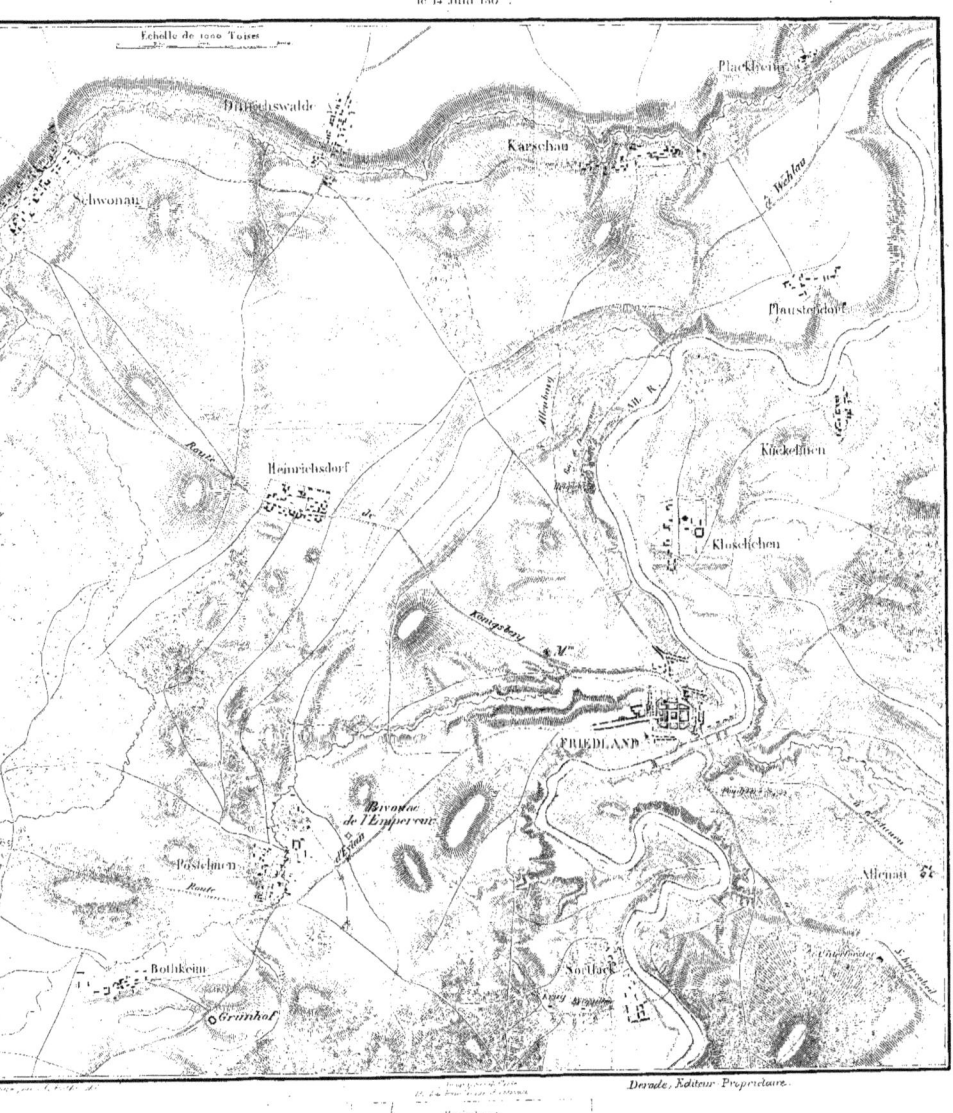

1. §o l.

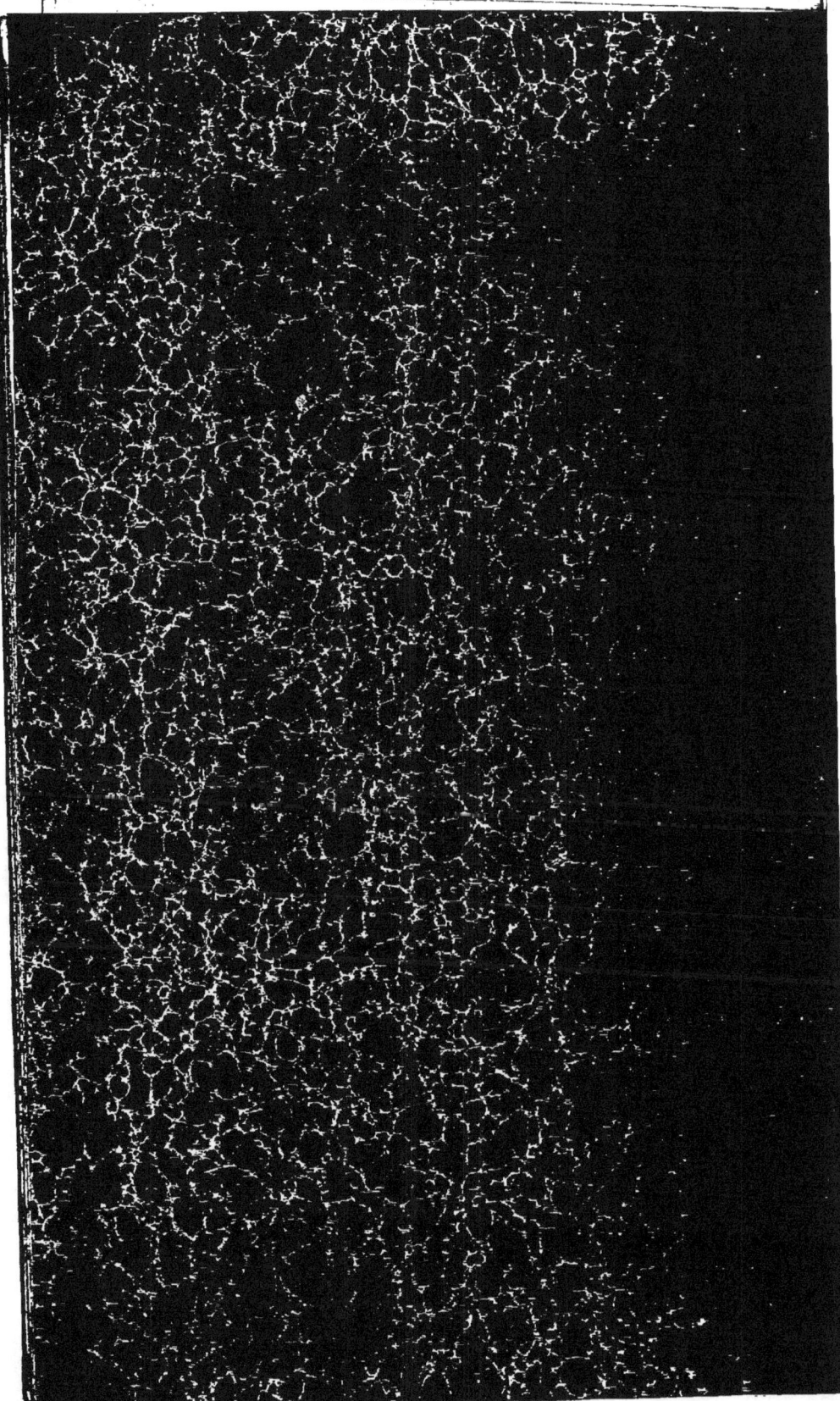

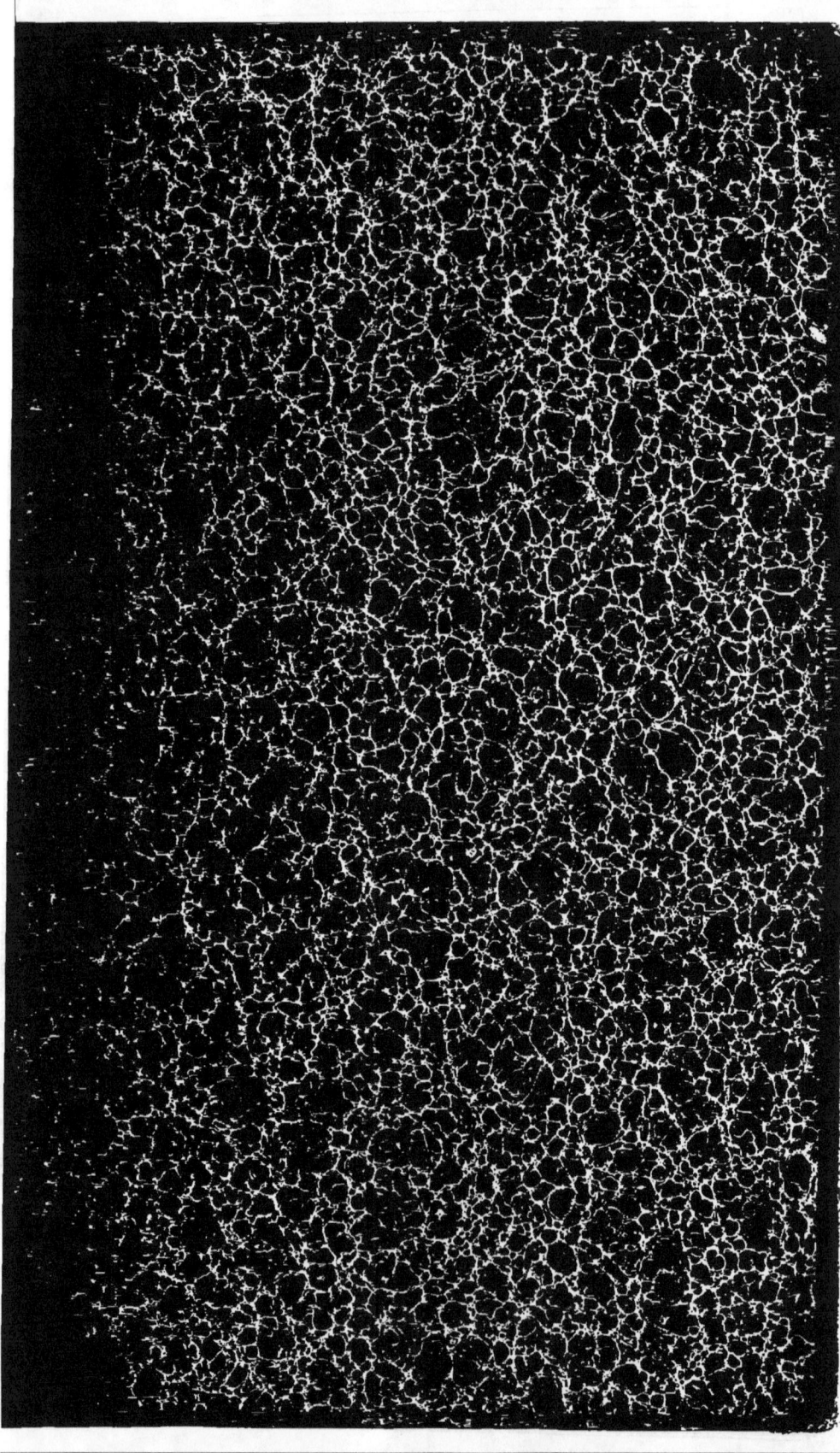

www.ingramcontent.com/pod-product-compliance
Lightning Source LLC
Chambersburg PA
CBHW070309100426
42743CB00011B/2420